財政破綻論の誤り

バランスシートで
ゼロから分かる

朴 勝俊
Park Seung-Joon
シェイブテイル
Shavetail

Photo by iStock

バランスシートでゼロから分かる

財政破綻論の誤り

装丁　柴田淳デザイン室

目次

〈凡例〉

本書で使用する為替レートは、２０２０年5月7日のレートを参考に、１ドル＝１０６円、１ポンド＝１３１円、１ユーロ＝１１５円としています。

はじめに

本書が完成間近となった２０２０年5月上旬現在、世界は新型コロナウイルスのパンデミックに襲われています。世界各地の医療施設で人員・設備・機器の不足が表面化し、医療崩壊ともいうべき状況が報じられてきました。世界保健機関（ＷＨＯ）の5月9日の集計によると、すでに世界でおよそ26万6千人が亡くなったということです[1]。読者の皆さんが本書を手にする頃には、この数字はもっと増えていることでしょう。

日本では、5月7日時点で国内感染確認は１５６４９人、死亡は６００人とのことです[2]。日々報告される感染確認者の数は減少傾向ですが、諸外国とくらべてＰＣＲ検査数が絶対的に少ないため、実際の感染者数は誰にも分かりません。お笑いトリオ「森三中」の黒沢かずこさんのケースのように、発熱症状や味覚・嗅覚異常があって保健所に連絡しても、ＰＣＲ検査を断られ、複数の医療施設を転々としたあげく、症状が悪化したのちに検査を受け、感染が確認されたというケースも少なくありませんでした[3]。受け入れ側の医療機関についても、人員や病床だけでなく、マスクや防護服、手袋など、普段は当たり前にあるべきものが、絶対的に不足している様子が報じられました。京大病院ではひとりが1枚のマスクを一週間使用しているという報道もありました[4]。医療現場の方々は自らの命を危険にさらしながら、過酷な医療活動に従事することを強いられていたのです。

日本の対応が後手に回った理由はいろいろ考えられますが、本書との関係では、保健衛生インフラの切り詰めが挙げられるでしょう。大量の検査にも、そして大量の入院にも対応が難しくなっているのです。一例として保健所の数を見ると、2000年頃には850件ほどあったものが現在では500件を下回っています[5]。その一方で、2020年予算では84億円の予算を付けて、医療費の抑制のために全国病院に対して、入院ベッド数を減らせば減らすほど多くの補助金を与える方針です[6]。

諸外国が感染拡大を防ぐべく、人々の外出や営業を禁じる中で、日本政府は夏の東京オリンピックの準備を優先し、感染対策は後手に回りました。3月23日に国際オリンピック委員会が大会の延期を決めて、ようやく3月28日の安倍首相による記者会見、そして4月7日の緊急事態宣言へと事態は進みました。この頃までに、コンサートやスポーツなどの大規模イベントを行う業者は中止による損失を蒙り、観光バス会社や百貨店などの倒産が増加していました。そしてこの頃からは、飲食店やライブハウスなども営業の自粛を強いられる局面に入りました。

コロナ危機は現時点で、リーマンショックや世界大恐慌を凌ぐ経済危機を引き起こすという指摘もあります。諸外国では、コロナ感染拡大対策についても赤字国債を発行するなどして数十

～数百兆円規模の経済対策が打ち出されていること（例えばアメリカは三兆ドル〔約３１８兆円〕）、そして休業した企業や従業員、あるいは発表の機会を閉ざされたアーティストたちに対する休業補償や失業手当、所得補償などが迅速に出されていることが、すでに国内でも報じられていました。しかし、安倍首相の場合は現金給付を渋り、「お肉券」や「お魚券」の給付が取り沙汰された後に、ついに4月1日に打ち出したのは、布マスクを2枚ずつ各世帯に配布することでした。首相は4月7日になって総額１０８兆円の経済対策を発表しましたが、これは民間支出の見込額などで膨らました数字であって、「真水」と呼ばれる実際の経済の底上げにつながる対策規模は、もっと小さなものです。この時点の発表で、新規の国債発行でまかなわれるのは、16・８兆円に過ぎませんでした。

日本政府は頑《かたく》なに、人々に「現金」を給付することを渋っていました。営業の「自粛」を強いられた飲食店に対する休業補償に対しても、全ての人々に対する一律の給付金に対しても、否定的な考えが表明され続けました。収入の減少など、一定の条件を満たすことが証明できる人に対して、役所への申告に応じて、給付を決めるという方針を貫いたのです。このような申請は、申請する側にとっても役所にとっても非常に厄介なもので、手間と時間がかかるほか、感染のリスクにもなります。比較的早くから、雇用調整助成金（経済上の理由で事業活動の縮小を余儀なくされた事業主が、雇用の維持を図るための休業手当に要した費用を助成する制度）については、コロナ対策のために特例が設けられていましたが、2月から4月13日までに11万８０００件以上の問い

合わせがあったにも関わらず、助成金の支給にこぎ着けたのはわずか60件だったと報じられています。(7)

米国ではすでに、ほとんどの世帯に1人あたり1200ドル〔約13万円〕が給付された、ドイツでは日本人のアーティストも、ネットで申請してから2日で60万円が振り込まれた、といったニュースが伝えられる中、いよいよ4月16日になって、政府は10万円の一律給付を、申請をした人に対して行う方針を、打ち出しました。そのための補正予算は117・1兆円（新規国債は25・7兆円）となって、4月30日に成立しました。この段階で可能だということは、もっと早い時点で可能だったはずです。2枚の布マスクは申請なしで全世帯に送られるのですから（ちなみに、筆者（朴）の元には5月7日時点でマスクは届いていません）。

しかも、5月12日には驚くべきニュースが飛び込んできました。政府は、新型コロナ感染症に対する「基本的対処方針等諮問委員会」に、4人の「経済専門家」を加えたのですが、うち少なくとも3人は2011年の震災後に増税を唱えてきた人たちです。中でも驚いたのは、本書を書く上で筆者たちが注目していた小林慶一郎氏が含まれたことです。小林氏は「オオカミ少年と言われても毎年1冊は財政危機の本を出していくつもりです」と言った人物です（本書104頁）。彼が出した『財政危機を懸念し、国債発行を危険視し、増税を志向する考え方を持っています財政破綻後』という本が、学術的にも問題を抱えていることは、本書の何カ所かで説明しています（本書101頁、104頁、129頁）。さらに、2011年4月26日に発表した論考で彼は、東日本大震災と福島第一原発事故が起こった直後という時期に、「災害を受けて国民の結束が高まり、復興支援への合意が得られやすい現在は、政治的には増税の好機である」として、復興増税を提唱しました[8]。最近では、東京財団の提言書の筆頭著者として、「日本銀行などによる株価の下支え」や「企業の退出（廃業、倒産）と新規参入による新陳代謝」を唱えてもいました[9]。そして早くも10万円の一律給付金を所得税増税で回収するという発言がテレビで伝えられています[10]。増税は不要です。一人でも多くの人を、経済的困窮から救い、日本経済を回復軌道にのせる積極的な財政政策が必要なこの時に、彼のような人が諮問委員に就くとなると、今後の日本はどうなるのかと暗澹たる気持ちになります。

先述のように、日本では検査も補償も不足しています。なぜ日本政府は、人々の命を守る支出を、出し惜しみするのでしょうか。

著者たちの見解では、それは**「財政破綻論」の弊害**です。一般に、個人や企業にとって債務は恐ろしいものですが、その感情を政府の負債に対しても安易に投影して「国の借金」の恐怖を煽る声が、政府でもマスコミでも、そして経済関係の学会においても、大きすぎるのです。そのため、政府赤字とは不健全なものであり、支出の削減と増税によって黒字化を目指すことを、常に健全なことだとみなす財政緊縮《きんしゅく》主義が、一般常識となっています。

実際には、**過去30年にわたって続いた日本の経済停滞も、公衆衛生や社会保障の危機も、根本的な原因は、この財政緊縮主義です**。もちろん財政緊縮主義は、日本独自のものではありません。

むしろ、世界の有力な政治家や経済学者の中には、財政緊縮主義者がたくさんおり、欧米諸国の人々も緊縮財政の弊害に苦しめられてきました。とはいえ、日本は主要国の中でも異常値と言えるほど経済成長率が低い国です（名目・実質ともに）。本書の第8章（図表8－1）で示すように、各国の統計を比較すれば、名目の経済成長率と政府支出の伸び率はほぼイコールだという経験則が得られます。つまり、**政府支出を伸ばせば経済が成長すると考えられます**。しかし、日本の政府はどうしても財政支出を増やそうとせず、福祉・医療・子育ての資源をもたらす経済全体のパイを、大きくするのに失敗しているのです。

小林慶一郎氏を始めとする、財政破綻論を唱える人々の主張は不安感と道徳観に基づくもので、実際の根拠は薄弱です。本書は、その中でも政治的・社会的な影響力の強い人たちの多様な主張を「財政破綻論の9つの類型」に分けて、ことごとく反駁してゆきます。

財政破綻論や財政緊縮主義は、財政と貨幣の本質に対する誤解に立脚しています。

常識的な理解では、政府の財政は「税金を取って、政府支出を行い、その差額が財政収支となる」と考えられています（税収－支出＝財政収支）。そして、財政収支がマイナスとなれば、政府が国債を発行して「借金」をすることになり、これが累積すると財政破綻につながると心配されています。

この常識は、間違いです。本書で明らかにしてゆくように、日本は貨幣発行権を持つ主権国家ですから、自国通貨建ての国債を返済できないこと（デフォルト）はあり得ません。むしろ、政府が財政支出をすることによっておカネが生まれ、税金を徴収することによっておカネが消滅するのです。つまり、財政赤字とか国債などと呼ばれるものは、世の中に積み残されたおカネだ、というだけのことなのです。国債は「政府の借金」ではなく、「人々の資産」そのものなのです。

これが分かると、経済が停滞している時に、つまりインフレーションの心配が無い時に、政府を黒字にして、国債《こくさい》の残高を減らそうなどとしてはならないことが理解できます。政府支出よりも税収が多くなると、貨幣がそのぶん世の中から消えます。そして経済がより停滞し、国は弱体化し、人々は資産を奪われて貧しくなるのです。いや、政府が「黒字」にならないまでも、政府支出を絞り、消費税を増税するだけで停滞が長引くことが、ここ30年の経験から証明されています。

そのように考えると、私達は新型コロナウイルスだけでなく、「財政緊縮主義のウイルス」に対しても、十分に警戒すべきでしょう。「検査」がなされていないので実態は不明ですが、平成時代以来の経済停滞の中で、財政緊縮主義の結果として精神や身体を病み、路頭に迷い、命を絶った人々が、膨大な数に上ることは間違いありません。そして、コロナウイルス禍にたいする日本政府の対応が後手後手に回り不十分なものとなったのも、財政緊縮主義の弊害です。

本書に示す事実は、あまりに常識とはかけはなれているので、すぐに理解することは難しいかもしれません。しかし、ここ数年来（とりわけ昨年来）、反緊縮派と呼ばれる経済学者ら（とりわけ消費税増税に反対し、政府支出の増加を求める人々）の書物によって説明され、少しずつ知識として広まってきています。類書と比較して、本書の特徴は、バランスシートの基本から貨幣と財政の本質を詳細に説明している点です。そしてそれに基づいて、本書では財政破綻論やハイパーインフレ論の誤りを解明した上で、あるべき将来の日本のビジョンである「いのちと環境を守る強靱な社会」を実現するための、政府支出のありかたを示します。

第1章　なぜ財政破綻論は信じられやすいのか

1　負債に対する恐怖

借金や債務《さいむ》は人間にとって、とても恐ろしいものです。青木雄二《あおきゆうじ》氏のマンガ『ナニワ金融道』を読んだ人ならば、借金を返せなくなった登場人物たちが、人生の谷底に滑り落ちてゆく様《さま》に恐怖を覚え、できることなら一円たりとも借金などせずに生きて行きたいと思ったことでしょう。

債務に対する恐怖は、人類共通の感情と考えられます。デヴィッド・グレーバー氏は反グローバル運動に関わる人類学者ですが、彼が著した『負債論 貨幣と暴力の5000年』（グレーバー2016）は、貨幣や債務が奇妙な道徳感情と恐怖感を呼び起こす原因を、人類学的な立場から明らかにしています（本節で括弧内に示した番号はこの本のページ番号です）。この本の冒頭の記述によれば、グレーバーはとある園遊会で反貧困団体をサポートする弁護士の女性に出会った時、第三世界の貧困層を直撃している国際通貨基金（ＩＭＦ）の緊縮策（構造調整プログラム）をやめさせ、さらには債務を免除させるために、自分が取り組んで来たことを説明しました。しかし、女性はそれに対して当然のように「でも、彼らはお金を借りたのですよ！　やっぱり借りたお金は返さないと」と言ってのけたというのです（６頁）。

債務は借金の返済義務だけでなく、他者に被害や損害を与えた場合の、償《つぐな》いの義務という意味も含みます。グレーバー氏が明らかにしたところでは、中東からインド、アフリカ、ヨーロッパ、アジアに至るまで、人類五千年の歴史の中で、債務を履行《りこう》できなかった人間に対しては、財産の没収から、奴隷や女性の引き渡し、本人の債務《さいむ》懲役《ちょうえき》や拷問《ごうもん》、処刑に至るまで、過酷な懲罰《ちょうばつ》が当然のように行われてきました。インド＝ヨーロッパ語族の言語では、現代の道徳用語や宗教用語の多くは古代の金融用語から流用されたものです（例えば英語の、debt《デット》=guilt《ギルト》=sin《シン》 債務・罪、redemption《リデンプション》 債務履行・贖罪、reckoning《レッコニング》 報《むく》い・勘定・決済）。ドイツ語で債務と罪が同じ単語（Schuld《シュルト》）であることはよく知られていて、それが赤字や借金に対するドイツ人の強い懸念《けねん》の理由とされることもありますが、決してドイツに限ったことではありません。古代の社会で、とりわけ鋳造《ちゅうぞう》貨幣が流通するようになった頃に、あまりに大勢の人々が債務を返済できずに奴隷的な状態に陥《おちい》り、社会の混乱が極めて大きくなったことが、キリスト教やイスラム教で利子を禁じられるようになった原因と考えられます（４０８頁、４２１頁）。

西洋で再び利子が解禁されると、新たな形で債務の悲劇が拡大します。英国では17世紀頃から、債務者が刑務所に収容されたり、処刑されたりした記録がみられます（４９１～４９４頁）。アメリカにおいても、植民地時代（１４９２年～１７７６年）には、支払不能に陥った債務者の耳がしばしば柱に釘《くぎ》づけにされました（27頁）。２００９年の経済危機の際にも、道徳的に罪過が問われるのは貸し手ではなく借り手であり、債務が返済できなかったために逮捕され、裁判官によって刑務所に送られた人たちが大勢いたといいます（28頁）。

１９７０～８０年代のヒマラヤ山脈東部の風習では、貧しい債務者が娘の結婚式の費用のために多額の借金を強いられるとき、花嫁自身が担保となり、婚礼のあとに債権者の愛人として数ヶ月過ごし、飽きられると近くの丸太小屋で１～２年間売春をさせられ、債務を完済してはじめて夫の元に戻れます。この風習について「現地で不正感が広がっていたようには見えない」、「地元のバラモンの間でも、懸念の声があがることはなかった」といいます（16～17頁）。

グレーバー氏は歴史的・民俗学的な観察から、「負債についての議論は、少なくとも５０００年前からつづいている。人間の歴史、少なくとも国家と帝国の歴史の大部分にわたって、ほとんどの人間がおまえたちは債務者なのだと告げられてきた（10頁）」、「もし歴史の教えというものがあるとしたら、暴力に基盤を置く諸関係を正当化しそれらをモラルで粉飾するためには、負債の言語によってそれらを再構成する以上に有効な方法はない（15頁）」と結論づけています。

悠久の歴史の延長線上に現在があります。上で紹介した、反貧困団体をサポートする女性弁護士のような意見は、日本においても、決して例外的なものではありません。善良な現代人の道徳感情からしても、債務を返済することは当然であり、返済できなければ報いを受けることもまた当然とされています。そしてその当然の報いという感覚が、自分が債務を返せないことに対する恐怖感の、そして債務そのものに対する不安感の、根底にあるのです。

2　なぜ財政破綻論が信じられやすいのか

「国の借金は1100兆円を越えた」、「日本の財政は破綻寸前だ」などという言葉を聞くと、筆者自身（朴）でさえも、後頭部から心臓を貫く妙に冷たい感覚をおぼえることがあります。それは前節で述べたように、債務や借金、そして債務不履行の報いに対する原初的な恐怖感が、筆者の心にもインプットされているためでしょう。

「国の借金」や財政破綻の危険性を訴える「財政破綻論」を唱える人たちは、後述のように日本にたくさんいますが、これは決して日本に限ったことではありません。ドイツを中心とするユーロ圏でも、英国でも、米国でも、Schuld や debt といった恐ろしい言葉で記される「国の借金」が増えるのを心配して、2010年ごろからこぞって「緊縮策（austerity）」がとられてきました。

緊縮策は別名「財政健全化」とも呼ばれますが、要するに、社会保障や公共事業などの政府支出

を減らし、増税をすることによって、財政赤字を減らそうとする政策のことです。日本では、デフレ脱却を掲げて政権についた安倍首相の下でも、財政支出の伸びは抑えられ、社会保障は切り詰められ、消費税が２度にわたって増税されています。

日本においては、テレビや新聞、雑誌、書籍など、あらゆるメディアで財政破綻論が拡散されてきましたので、多くの人々がそれを信じていることでしょう。もともとの情報源は財務省の広報資料や、権威ある財政学者・経済学者たちの論文や書籍ですが、新聞各社の論説委員や著名な弁護士なども、記事や書籍などで財政破綻の危機を訴えています。「財政破綻論」は媒体や論者たちに権威があるだけでなく、人々の心の中に実在する不安感と道徳感情に合致しますので、いやおうなしに説得力があり、信じられやすいのでしょう。そして、人間は不安感を含むストレスを覚えたとき、前頭前野の活動が影響を受け、思考能力が鈍ったり、思考停止に陥ったりすることが、心理学者たちによって示唆されています[11]。ですから財政破綻論の当否は、論理的に、理性的に検討されにくいのでしょう。

３　政府債務問題小史

本節では、日本で財政破綻がどれほど心配されていたかを理解するために、過去半世紀の、日

図表 1-1　1975 年度（昭和 50 年度）以降の一般会計歳出・税収および公債発行額（兆円、年度）

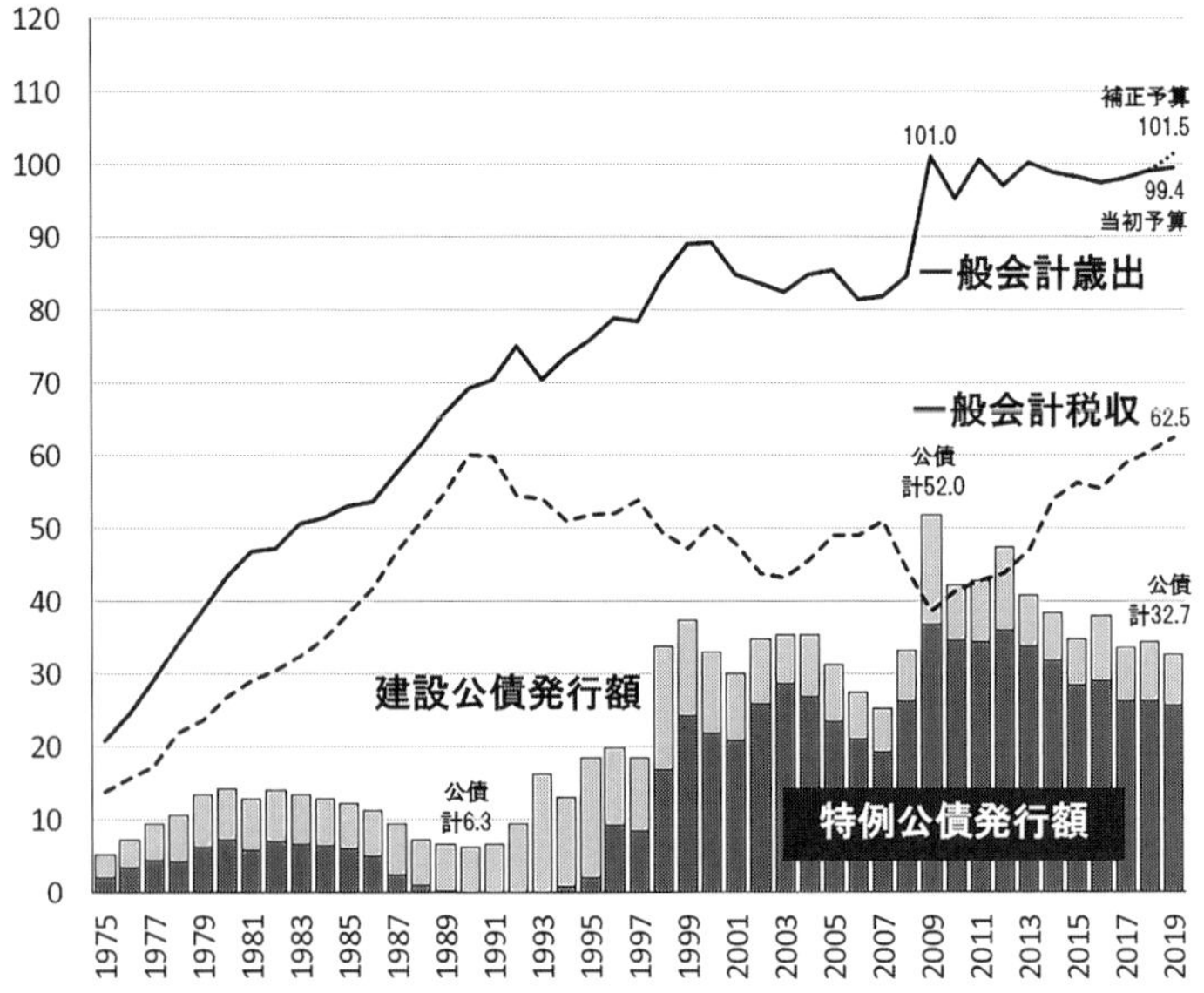

出典：財務省『日本の財政関係資料』令和元年 10 月、p.3 より作成

本経済と政府債務の状況を、当時の政治家や専門家の発言も合わせて振り返ってみましょう（図表１－１）。

１９７０年代から８０年代の日本は、現代とは比較にならないほど経済が活性化し成長していました。国民の意識でいえば、１９７０年代には日本は「一億総中流社会」となりました。ところが１９７３年に発生した石油ショックの影響を受けて、これまでのように「建設国債」しか発行しないという規則を守ることができなくなりました。１９７５年に「赤字国債」（特例国債）が通常予算として戦後初めて発行されたときには、当時の大平正芳《おおひらまさよし》大蔵大臣は「万死《ばんし》に値する！　一生かけて償《つぐな》う」と発言しました（三橋２０１９）。１９８２年９月16日には、当時の鈴木善幸《すずきぜんこう》首相が、国債残高が96兆円となったことを理由に「財政非常事態宣言」をＴＶ演説しました。国債残高が９００兆円規模となった現在から見れば、96兆円はごくわずかな金額ですが、当時の政府は大変な危機感をもっていたことが分かります。

　このように国債を巡《めぐ》る議論を抱えつつも、右肩上がりで日本経済は成長を続けました。しかし、１９８９年12月に日経平均株価が史上最高値《さいたかね》３万８９５７円44銭をつけた後、１９９０年から１９９２年頃にかけて不動産バブルがはじけました。日経平均株価はいまだに、この１９８９年の最高値を超えていません。

　バブル崩壊により、甘い審査で貸し出されていた不動産向け融資が不良債権化し、金融危機が発生しました。１９９７年には山一證券《やまいちしょうけん》、北海道拓殖銀行が破綻《はたん》し、翌98年にも日本長期信用銀行（長銀《ちょうぎん》）、日本債券信用銀行（日債銀《にっさいぎん》）もそれぞれ一時国有化、破綻といった状況になりました。１９９０年代を通じて日本の不況は深刻化し、税収は減り、毎年度の財政赤字を国債発行で埋め合わせる事態は避けられなくなってゆきました。この間、政府債務対ＧＤＰ比は67％（１９８９年）から96％（１９９５年）へと急増しました。増え続ける政府債務に対して、１９９５年11月には、村山富市《むらやまとみいち》内閣の武村正義《たけむらまさよし》大蔵大臣によって「財政危機宣言」が出されました。

これを受け、村山内閣に続く橋本龍太郎《はしもとりゅうたろう》内閣では、3%から5%への消費税増税（1997年4月実施）をはじめとする厳しい緊縮《きんしゅく》財政が断行されました。しかしあいにく、この厳しい緊縮財政のさなかの1997年7月に、タイバーツをはじめとするアジア通貨が暴落し、いわゆる「アジア通貨危機」が発生しました。アジア通貨危機じたいは米国のヘッジファンドなど機関投資家による通貨の空《から》売り（投資対象である現物を所有せずに対象物を売る契約）により引き起こされたもので、タイ・インドネシア・韓国は経済に大きな打撃を受け、一時的に国際通貨基金（IMF）の管理下に入りました。

日本もその余波を受けて、景気が後退し、消費税増税にもかかわらず税収が減り続ける局面に入りました。アジア通貨危機の当事国でさえ、物価水準が下落するデフレにはならなかったのに、世界で日本だけが長期的なデフレに陥《おちい》りました[12]。

2003年には伊《い》藤隆敏《とうたかとし》氏、吉川洋《よしかわひろし》氏ら著名な経済学者8人が連名で次のような提言をおこないました。「政府部門の債務・GDP比率はすでに140%に達している。毎年7%の赤字を出し続ければ、あと8年以内に債務・GDP比率は200%に達する。この水準は、国家財政の事実上の破綻を意味すると言っていい」（日本経済新聞「経済教室」、2003年3月19日）。この件について、詳しくは第5章5節で検討しますが、周知のように、2019年末時点で政府債務対GDP比が約240%に達しているにもかかわらず、日本政府は財政破綻には至っていません。

それどころか、国債金利（国債の利回り）は非常に低い水準を保っています。かつて、世界金融史上最も低い金利は１６１９年のイタリア・ジェノバでの金利１・１２５％だといわれてきました。ところが１９９８年に日本国債がこの記録を破り、世界金融史上最低金利となりました（高田・住友２００１、７頁）。現在ではゼロ％前後まで金利が下がっています。つまり、金融マーケットは、日本政府の健全性を信用して、低い金利で国債を買っているのです。

また２０１０年には、小黒一正《おぐろかずまさ》教授が『２０２０年、日本が破綻する日』と題した本を出版しましたが、これまた２０２０年に入った今でも財政破綻の兆しは見られません。小黒教授の判断の根拠と、それがどのように外れたかについては、第5章7節で詳しく説明します。

財政破綻の予言は外れたものの、日本で世界経済史に残るほどの長期デフレが続いているうちに、世界における日本の名目ＧＤＰシェアは、１９９７年の13％から２０１９年には６％へと半分以下にまで縮小しました。言うなれば、この半世紀以上の間、「オオカミ（財政破綻）が来るぞ！」といわれ続け、近年は長らくオオカミ対策（緊縮財政）が続けられてきましたが、結局オオカミは現れず、日本経済は間違った財政政策によって大きなダメージを負ってしまいました。それでも、いまだにオオカミが来るぞと叫び続ける人たちは後を絶たず、ひたすら緊縮財政が続けられています。

政破破綻論が広く信じられている理由には、経済学の教科書的な知識が、とりわけ貨幣に関する理解が間違っているにもかかわらず、それが定説として受け入れられていることがあります。

数々の著名な経済学者・財政学者が財政破綻の予言を外してきたのも、同じ間違いが理由です。

次章以降でその間違いを、公会計の知識と現実のデータに基づいて論理的に明らかにしてゆきます。だからと言って「財政破綻論者」の人たちがウソを言っているというつもりはありません。彼らにとって、それは自分たちの不安を反映した「真実」であり、それを懸命《けんめい》に言葉にしているだけなのですから。

第2章　貨幣の理解——部門別バランスシートを用いて

1　バランスシートとは何か

貨幣と財政の本質を理解する上で、バランスシート（貸借対照表《たいしゃくたいしょうひょう》、BS《ビーエス》）に関する理解は不可欠です。バランスシートは企業などの事業の健全性（solvency《ソルベンシー》）を示す、財務諸表《ざいむしょひょう》の中で最も重要な表の一つです。

一般企業のバランスシートは図表2－1のようになります。左側に示されるのは資産《しさん》（asset《アセット》）の項目とその金額です。流動資産は金融資産（現金や売掛金《うりかけきん》、株式や債券等の有価証券など）のほかに、販売する商品の在庫品や原材料などの金額も含んでいます。右側には負債《ふさい》（liability《ライアビリティ》）と純

図表 2-1　企業のバランスシート（概略）

資産	負債・純資産
流動資産（預金等） 固定資産	流動負債 固定負債（社債等）
	純資産 　資本金 　利益余剰金

出典：筆者作成

資産（net worth《ネット ワース》）が区別して示されています。負債は、1年以内に支払いを求められる流動負債と、支払期限が1年を越える固定負債（社債など）に分けられています。左側の資産と、右側の負債の差が、純資産となります。純資産には資本金（株主から得た出資金などのこと）と、利益剰余金《りえきじょうよきん》（それまでの利益を積み上げたもの）が示されます。表の左側の合計と、右側の合計は、必ず一致します（バランスします）。

負債は会計上の概念《がいねん》で、法的な意味での債務や、一般的に「借金」と呼ばれるものとは異なります。民法の教科書では、まず債権《さいけん》について「債権は特定の人に対して特定の行為を要求する権利である」などと定義されます（我妻《わがつま》ほか2014、16頁）。その「特定の人」が債務者であり、「特定の行為が要求された時に応じる義務」を債務というのです。ですから債務には、借金を返す義務のほか、モノを引き渡すとか、約束どおり仕事をするなどの義務があります。

会計上の負債は、企業の場合、大部分が特定の人におカネを支払う義務ですから、債務に該当します。しかし中には、法的な意味での債務でない負債もあります。例えば企業が自主的に将来の費用発生に備えて蓄えておく「引当金」は、負債側に書かれたものも特定の人に対する義務を伴わず、必ずしも債務とは言えません。

2　企業が破綻するとはどういうことか

一般に、企業は「破綻《はたん》」して事業が継続《けいぞく》できなくなる可能性があります。企業が破綻するとは、十分な資金が得られなくなって、債務が履行《りこう》できなくなることです。企業は債務不履行《さいむふりこう》（約束手形の不渡りなど）を起こせば、銀行などの信用を失って、多くの場合、後述する破綻処理《はたんしょり》に入ることを余儀なくされます。

また、バランスシートの観点からは、純資産がプラスの場合には、資産が負債より大きく、債務を全て返済できるだけの資産を持っているという意味で「健全（solvent《ソルベント》）」とみなされます。しかし、負債が資産より大きい場合には純資産がマイナスとなり、「債務超過《さいむちょうか》」と呼ばれます。このとき、資産を全部売っても債務を全て返済できないという意味で、破綻状態（insolvent《インソルベント》＝支

図表 2-2　東京電力ホールディングスのバランスシート
(2018 年度末)　　　　　　　　　　　　　　　　単位：億円

資産の部	127574	負債の部	127574
電気事業固定資産	66633	固定負債	47662
固定資産仮勘定	10561	流動負債	50803
核燃料	6570	引当金	71
その他固定資産等	22811	**負債合計**	**98537**
流動資産	20997	資本金	14009
		余剰金ほか	15027
		純資産合計	**29036**

出典：東京電力ホールディングス連結貸借対照表に基づき筆者作成
http://www.tepco.co.jp/corporateinfo/illustrated/accounting/balance-sheet-consolidated-j.html

払い不能＝不健全）とみなされます。

債務不履行を起こしたり、債務超過になったりした場合には、緊急に資金を提供してくれる人がいなければ、破綻処理（破産、会社更生、民事再生など）が行われます。破産とは、会社の財産を全て売り払って、債務を優先順位に従って返済してゆくことです（優先順位の低い貸し手はおカネを返してもらえません）。会社更生《かいしゃこうせい》や民事再生はいずれも、破綻した会社を建て直すための手続きですが、会社更生は大企業の破綻の場合によく用いられます。いずれの手続きも、債権者の同意をえて債務返済の計画を立て、会社を建て直します（参考、榊原２０１２）。

図表２－２には、代表的な企業のバランスシートとして、東京電力ホールディングスのものを示しました。13兆円近い資産と、10兆円近い負債と、３兆円規模の純資産を持った巨大な企業であることが分かります。ただし、東京電力の負債には、重大な債務が書き込まれていないことに注目してください。福島第一原発の事故の被害者に対して、東京電力は損害賠償《そんがいばいしょう》をする義務があります。これはまぎれもない債務なのですが、数兆円にものぼる賠償債務の金額を負債に書き込ませれば、東京電力は債務超過《さいむちょうか》になってしまい、賠償責任を果たさせることもできなくなってしまいます。そこで、２０１１年の事故の直後に政府は、東京電力に対して上限なく何度も援助（資金の交付、資本充実）を行って、債務超過にさせないことを閣議決定し、[13] 原発事故の損害賠償のための制度を作りました。この制度の下では、政府が東京電力に資金を「与える」のであって「貸す」のではないことに注意しましょう。貸すのであれば、やはり債務超過になってしまうからです。

３　民間銀行のバランスシート

民間銀行も企業の一種ですが、人々や企業の預金をあずかる銀行のバランスシート（図表２－３）には、一般の企業とは少し違った特徴があります。それは、負債の中の最大の項目として、預金があることです。預金者（人々や企業）が、銀行に対して預金を保有しているとき、それは

図表 2-3　民間銀行のバランスシート（概略）

資産	負債・純資産
貸付金（融資）	預金
現金	その他負債
準備預金	
国債	
その他資産	純資産

出典：筆者作成

銀行にとっては債務となります。銀行は、現金を引き出しに来た預金者に対して、現金を支払う約束をしているからです。

　銀行の資産は、ほとんどが金融資産です。代表的なものが、貸付金（企業や人々への融資）、現金、準備預金、国債です。銀行は、大部分のおカネを、「銀行の銀行」である日本銀行の口座に準備預金として保有しているか、あるいは政府が発行する国債の形で保有しています。預金者が現金を引き出しに来た時のために、一定額の現金（日本銀行券と硬貨）を保有していますが、その金額はさほど多くありません。引き出しの額が増えて現金が不足すると、日本銀行で準備預金を現金に換えてもらいます。預金者が殺到して巨額の現金を引き出そうとしたときには「取り付け騒ぎ」が起こる場合がありますが、その場合には、国債などを担《たん》保《ぽ》に差し出して、日本銀行から現金を借りること

図表 2-4　三井住友銀行のバランスシート（2019 年 3 月末）

単位：兆円

資産の部	179.3	負債・純資産	179.3
現金	1.0	預金	116.1
預け金	53.2	譲渡性預金	11.6
貸出金	76.4	借用金	15.6
有価証券	24.3	その他負債	28.1
固定資産	1.0	**負債合計**	171.3
その他の資産	23.4	**純資産合計**	8.0

出典：三井住友フィナンシャルグループ『ディスクロージャー誌 資料編(2019)』（p.237）より筆者作成　http://www.tepco.co.jp/corporateinfo/illustrated/accounting/balance-sheet-consolidated-j.html

になります。

図表２－４は、三井《みつい》住友《すみとも》銀行《ぎんこう》のバランスシートです。資産は１７９兆円と、東京電力と比べても巨大です。また、１１６兆円の預金が負債として記されていることに注目してください。銀行の預金は、５節で説明するように、世の中でおカネとして使われているので非常に重要です。いわば、三井住友銀行だけで１１６兆円のおカネを発行しているわけです。銀行の預金は、人々が現金を預けに来た場合のほか、銀行が誰かに融資《ゆうし》をして、その人に預金通帳を渡して、融資額を預金として書き込むことによって増えます（信用創造、本章5節参照）。むしろ、融資によって預金を創り出すことが銀行の機能と言えます。そのため、巨額の融資を行っている銀行は、資産（融資額）

ともに負債（預金）も巨額になります。

銀行も民間企業ですから、債権（融資）が回収できなくなるなどして、債務超過（純資産がゼロ以下）になると破綻《はたん》状態になります。バランスシートの右側の、負債と純資産の比率を「レバレッジ倍率」と呼びます（本書独自の呼び方です[14]）。三井住友銀行のレバレッジ倍率は約21倍です（171.3 ÷ 8）。つまり、負債は純資産の21倍もあるのです。しかし、世界金融危機（2007～08年）の直前には、欧州の主要銀行は40倍ものレバレッジ倍率になっていました（バルファキス 2019、42頁および573頁）。これは、金融資産に3％程度の損失が出れば、ただちに破綻状態に陥《おちい》るということです。世界金融危機の主要原因の一つが、この銀行のレバレッジの大きさでした。

4　政府および日本銀行のバランスシート

政府にも日本銀行（日銀）にもバランスシートがあります。日本銀行は一種の企業なので、バランスシートがあるのは当然ですが、政府のバランスシートが作られたのは、比較的最近のことです。日本銀行のバランスシートはかなり迅速に更新されますが、政府のバランスシートは数年前のものが最新となります。

図表 2-5　政府（中央政府）のバランスシート

2018.3.31,　兆円

資産	671	負債・純資産	671
金融資産	414	負債	1239
現金・政府預金	48	公債	967
証券等・債権等	364	その他負債	271
固定資産	183	純資産	△ 568
出資金	75	［※ここにマイナスで計上］	

図表 2-6　日本銀行のバランスシート

2020.1.20,　兆円

資産	574	負債・純資産	574
金地金・現金	0.6	発行銀行券	109
国債	481	日銀当座預金	397
貸付金	49	政府預金	26
有価証券・信託	35	その他負債	38
その他資産	8	負債合計	570
		純資産	3

注：四捨五入の関係で合計が一致しないことがある。また、政府と日本銀行で時点が違うことにも注意。
出典：筆者が各種資料を簡略化して作成。政府については、財務省（2019）「平成 29 年度 国の財務書類（一般会計・特別会計）」を、日本銀行については日本銀行（2020）「営業毎旬報告（令和２年１月 20 日）」を参照。

図表２－５は、中央政府（国）のバランスシートです。右側の負債は１２３９兆円程度です。このうちの約１０７５兆円が公債《こうさい》・借入金《かりいれきん》・政府短期証券の合計で、俗に「国の借金」などと呼ばれているものです。公債（９６７兆円）のうち、普通国債は約８８１兆円です。負債に対して、資産が６７１兆円ありますので、純資産はマイナス５６８兆円（純負債は５６８兆円）ということになります。

図表２－６は、日銀のバランスシートです。**日銀の資産は約５７４兆円ですが、そのほとんどが国債（４８１兆円）であることに注目して下さい**。金地金（４４１３億円）や現金（硬貨、１７７１億円）の保有額は全体から見ればごくわずかです。日銀の負債がまた独特です。日本銀行の役割は、発券銀行、銀行の銀行、政府の銀行、とされています。日銀が発行した日本銀行券（日銀券）は会計上、「日銀の借用書」とみなされ、その発行額は負債（１０９兆円）として記録されます。**日銀当座預金《にちぎんとうざよきん》（３９７兆円）は、民間銀行などが日銀の口座に預けている預金のことです**。このうち、特に預金を取り扱う金融機関（銀行）が預けているものを「準備預金（約３４６兆円）」と呼びますが、それ以外にも証券会社など、当座預金を持っている機関が存在しています。本書では、日銀当座預金と準備預金という用語を、特に区別しないで用いる場合があります。金融機関は、日銀当座預金を引き出して日銀券や硬貨を受け取ることができます。

さらに日銀は、政府預金（26兆円）を預かる形で、政府の収入・支出に関する業務を代行しています。日銀はいちおう株式会社の形をとっていますが、純資産はわずか3兆円で、そのうち資本金は1億円しかありません。日銀は、出資証券（いわゆる日銀株）の55％を政府が保有しているので、政府の子会社と言われます。経済学者などの間では、政府と日銀を合わせて「統合政府」として把握する考え方もあります。

政府は債務超過（民間企業ならすでに破綻状態）ですが、日本政府には徴税権《ちょうぜいけん》がありますし、子会社の日銀は貨幣を創ることができる機関ですので、日本政府が財政破綻することは基本的にありません（第5章で詳しく論じます）。

5　本書における貨幣の定義

前節の最後に「日銀は貨幣を創ることができる」という言葉が出て来ましたが、貨幣とは、実は様々な意味を含んだ厄介な用語です。ここでは本書なりの貨幣の分類と定義を行います。

〈ＩＯＵ《アイオーユー》としての貨幣〉

本書は貨幣を「信用貨幣論」に基づいて捉《とら》えています（➡本章6節参照）。金融用語の「信用」とは「債権」と同じ意味です。イングランド銀行の分析官らは、「貨幣とはある種のＩＯＵ《アイオーユー》であるが、それは経済のなかの誰もが、モノ・サービスの対価として他者に受け入れられるだろうと確信している、特別なIOUである［筆者訳］」と述べていますが、これと同じ考え方です（McLeay et al. 2014）。

このIOUという用語が重要です。IOU（I《アイ》 owe《オー》 you《ユー》 の略、借りがあるという意味）は借用書や債務証書などと訳されますが、紙や電子データなど、あらゆる形態の債権・負債の記録のことです。本書では、用語のニュアンスによる誤解を避けるためにIOUという用語をそのまま用います（ちなみに、日本の民法の教科書には債務証書という言葉は見られず、「債権証書」の方が正確なようです）。

要するに、**IOUを保有する者は、いわばその発行者に対する債権者になれるのです。だからこそIOUには負債額として明示された金額の価値があり、貨幣として流通するわけです。**貨幣はIOUであるという考え方は、2019年に入って、MMT《エムエムティー》（Modern《モダン》 Monetary《マネタリー》 Theory《セオリー》, 現代貨幣理論）の名前とともに、日本でも広く知られるようになりました。

〈貨幣を創る主体とは〉

本書では、貨幣とお金、おカネ、マネー、通貨はすべて、同じ意味の言葉として扱います。法令では、とくに硬貨のことを「貨幣」と呼びますが、これは一般の常識からは外れていますので、本書では硬貨と呼びます。その上で、それ以外はできる限り日銀による通貨の定義に従って、貨幣を定義していきます。

図表 2-7 本書における貨幣の定義（2019 年 12 月の平均流通高）

貨幣＝通貨＝マネー＝おカネ
①政府が創る「硬貨」 約 4.9 兆円
②日銀が創る「日銀券」 約 110.0 兆円
③日銀が創る「日銀当座預金」 約 397.9 兆円、
うち準備預金が約 346.2 兆円
④日銀が創る「政府預金」 約 15.5 兆円
⑤民間銀行が創る「預金」 約 1273.2 兆円
現金通貨は①＋②に相当する
（ただし現金は、マネタリーベース統計では 115 兆円、マネーストック統計では 104 兆円である。マネーストック統計からは、金融機関が保有している現金通貨は除外されている）
マネタリーベースは①＋②＋③に相当する　512.8 兆円
マネーストックは①＋②＋⑤に相当する
M1 は 818.0 兆円、M2 は 1041.6 兆円、M3 は 1377.5 兆円
政府預金はマネタリーベースにもマネーストックにも入らない

数字の出典：日本銀行データベースより、マネタリーベース関連統計を抽出した。政府預金は、日本銀行「営業毎旬報告（令和元年 12 月 31 日現在）」の値。

日本で貨幣を創ることができるのは日銀だけではなく、民間銀行や政府（財務省）も貨幣を創っています。日銀が創る貨幣には、日銀券だけでなく日銀当座預金（準備預金）も含まれます（これらはいずれも日銀のＩＯＵです）。民間銀行が創る貨幣は預金であり、預金者の間で決済に使われています（民間銀行のＩＯＵです）。そして、政府（財務省）が発行する貨幣が硬貨です⑮。硬貨はＩＯＵの体裁をとっていませんが、信用貨幣論の立場では、会計的・理論的な一貫性を保つために、硬貨も民間銀行や日銀の負債とまとめてＩＯＵとみなします。

これらを、どのように分類するか

が重要です。以下で、本書の貨幣の定義を、ほぼ日銀の定義に沿った形で説明します（違いは主に、法令用語の「貨幣」を硬貨と呼ぶことぐらいです）。

〈現金通貨とマネタリーベース〉

図表２－７を見てください。まず、①硬貨と②日銀券をまとめて、現金通貨と呼びます。次に、日銀が創る③日銀当座預金があります。日銀当座預金は、金融機関しか使うことのできない特別なおカネです。一般人や企業が日銀当座預金を保有・利用することはできません。

①と②と③を合わせたものをマネタリーベース（またはベースマネー）と呼びます。これは政府と日本銀行が創り、日銀が発行量を管理できる基本的な貨幣という意味です。金融機関が日銀当座預金を引き出す時に、日銀は現金通貨を渡しますが、これによってマネタリーベースの量が変化することはありません。

〈マネーストック〉

現金通貨の他に、民間の銀行が創り出した預金も、一般の企業や人々によって、銀行振込やクレジットカード払いなどの方法で、貨幣として利用されます。民間の銀行は、融資を行う時に預金を創出します（信用創造）。預金口座の残高はもちろん、現金の引き渡しを約束したＩＯＵです。この預金は、昔は万年筆で通帳に数字を書き込むことによって預金が創造されていましたの

図表 2-8　マネーストックの範囲

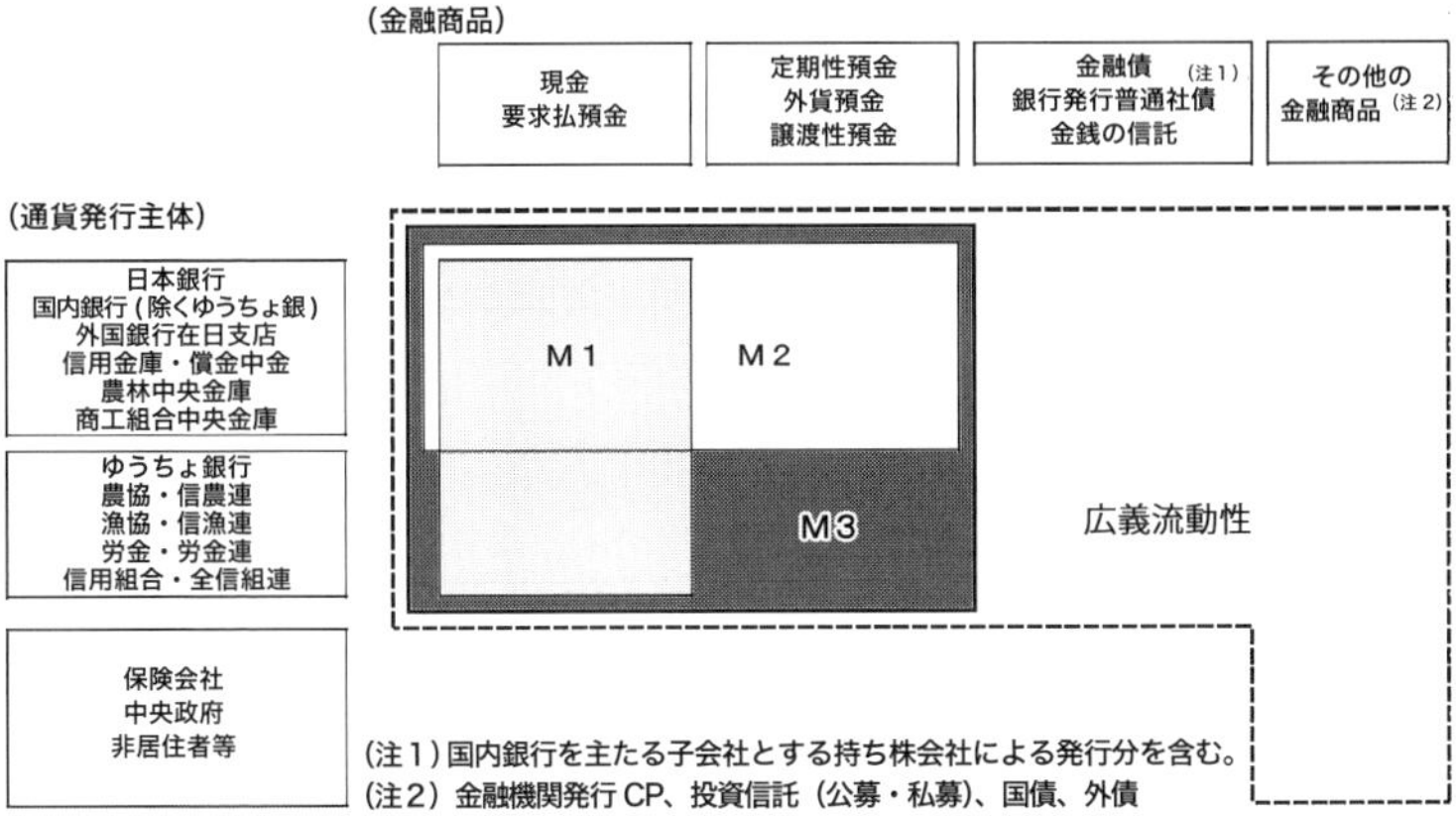

出典：日本銀行調査局（2019）p.1-1 より作成

で「万年筆マネー」などと呼ばれますが、今では、銀行が自分の銀行にある借り手の口座に「キーボード入力」することによって預金が創出されます（これをキーストローク・マネーと呼びましょう）。

日銀をふくむ銀行システムから、世の中（人々や企業）に出回ったおカネの残高のことを、マネーストックと言います。様々な種類の金融機関が作りだした、どのような種類の預金までを「銀行の預金」と見なすかによって、マネーストックはM1《エムワン》、M2《エムツー》、M3《エムスリー》などと、その指標が違ってきます。定義は時代によって、国によって異なりますが、現在の日本の定義は図表2－8のとおりです。簡単に引き落とせる要求払預金《ようきゅうばらいよきん》（狭義《きょうぎ》の預金通貨）のほか、少しの時間と手間で換金できる準通貨（定期性預金や外貨預金）と譲渡性預金（ＣＤ）が、一般に、マネーの範囲に含まれます。マネーに含まれる預金の種類をやや広めにとり、金融機関の種類を、銀行や信用金庫などに限定して狭くとらえたものがＭ２、ゆうちょ銀行や農協、信用組合等も含めて広くとらえたものがＭ３です。また、預金の種類を狭くとらえたものがＭ１です（より詳しくは、図２－８の出典となっている、日本銀行の解説書を参照してください）。本書では、マネーストックの指標として主にＭ３（約１３７７・５兆円）を用います。国債などの流動性の高い金融資産をもマネーに含める「広義流動性」という概念もありますが、本書ではあまり用いません。

〈日本銀行券は「負債」だが、返済義務はない〉

ここまで読めば分かるように、銀行の負債である預金や、日銀の負債である日銀券や日銀当座預金が、貨幣となります（負債はＩＯＵと表裏一体なので、本書ではＩＯＵが貨幣だというのと全く同じ意味で、負債は貨幣だという言い方をします）。

ただし、ここでも法的には「**負債は債務や借金とは異なる**」という点で、注意が重要です。繰り返しますが、負債はあくまで会計上の概念であって、負債があるからといって、入手困難なモノを渡したり、実施困難な仕事をしたりして、債務を履行する義務がある、というわけではないのです。

特に、**日銀にとっての日銀券は明らかに、負債であって債務ではないと言えるでしょう**。昔は、日銀券は兌換《だかん》紙幣（金や銀との交換を約束した紙幣）であり、本当の意味で債権証書でした。日銀は、日銀券を持ってきた人に対して、いつでもすぐに金や銀を支払う義務があったのです。現在でも日銀券がバランスシート上の負債とされるのは、その名残りだとも言えるでしょう。しかし、現在の日銀券は兌換紙幣ではなく、不換紙幣となっています。金と交換する義務もなければ、いつ何どきを期限として日銀が何らかの債務を履行するという約束も存在しません。従って、**不換紙幣には債務性がない**、と言えるでしょう。

日銀当座預金はある意味では債務で、銀行がこれを引き落としに来た時には現金を渡す義務があるのですが、日銀は銀行券を簡単にいくらでも創ることができますので、べつだん困難な債務ではありません。

それに対し、民間銀行にとっては、預金を引き落としに来た人にはいつでも現金を渡さないといけないのですが、現金を自分で簡単に創ることはできません。したがって、銀行預金には債務性があります。

では、国債はどうでしょうか。これも明らかに、政府が発行したＩＯＵですので、信用貨幣論に従うならば貨幣のようなものと位置づけることが可能です（↓第３章９節参照）。本書では、図表２－７で定義したマネタリーベースにもマネーストックにも、国債は含めていませんが、国債をおカネのようなものだ、あるいはおカネだと言うこともできます。国債には債務性がありますが、通貨発行権を有する政府（中央銀行と協調して自国通貨を発行できる政府）の場合には、自国通貨建ての国債ならば、履行《りこう》が困難な債務にはなりません。

〈信用創造〉

日本語で信用創造と呼ばれる用語は、英語ではmoney creation《マネー・クリエイション》（貨幣の創造）と呼ばれます。本書でもここまで、銀行が融資の際におカネを創る（信用創造する）と説明してきました。

しかし、経済学を学んだ人は、この説明に違和感を抱くこともあるでしょう。一般の教科書などは信用創造を、いわゆる「預金又貸《またが》し説」で説明しています。例えばWikipedia《ウィキペディア》の日本語版では、次のように記述されていました。

預金準備率が10％の時、銀行が融資を行う過程で以下の通り信用創造が行われる。A銀行はW社から預金1000円を預かる。すると、A銀行はW社の預金のうち900円を貸し出すことができる〔筆者注：10％に相当する100円分の現金は保有していなければならない〕。A銀行がX社に900円を貸出《ママ》、X社が900円をB銀行に預金する。同様にB銀行はX社の預金のうち810円を貸し出すことができる。B銀行がY社に810円を貸出《ママ》、Y社が810円をC銀行に預金する。そのうちC銀行はY社の預金のうち729円を貸し出すことができる。C銀行は729円をZ社に貸し出す。（以下繰り返し）

（Wikipedia「信用創造」、2020年2月1日アクセス）

預金がおカネだとすると、この過程で預金は少なくとも３４３９円に増え、１０００円のおカネが３・４倍に増えたことになります。さらにこの過程が無限に続くと、預金は最終的に９倍の９０００円まで増えてゆく、という話になります。

この**預金又貸し説は一見どこにも問題がなさそうですが、よく考えるとおかしなところがいろいろと見つかります**。まずＡ銀行に持ち込まれた現金は一体どこから来たのでしょうか？　最初にこのおカネを、誰がどうやって創造したのかが明らかにされるべきです。また、もしこれが別のＤ銀行の口座から引き落とされてＡ銀行に持ち込まれたものであれば、預金の原資はＡ銀行で増えた分、Ｄ銀行では減っており、すべての銀行の預金残高の合計は増えずに常に一定のままのはずです。さらに、最終的に現金はすべて銀行に準備預金として蓄えられ、人々が使えるおカネは預金だけになってしまいますが、ここで**誰かが現金を引き出そうとすると、ここまでの全ての連鎖が崩れて預金の収縮が始まってしまいます**。つまり、誰も現金を引き出すことが許されない状況になるはずなのですが、そんなことは普通、起こりません。

実際の信用創造は、すでに説明したように、もっと単純なものです。民間銀行は、おカネを持っていなくても融資ができます（第３章で詳しく説明します）。人々や企業にローンを提供するときに、預金通帳に万年筆で融資額と同じ金額を書き込む（万年筆マネー）か、口座にキーボードから金額を入力するのです（キーストローク・マネー）。この時、民間銀行は貸出金という債権を保有すると同時に、預金という負債を負うことになります（53頁、図表3－2を参照）。英語版のWikipedia はすでに、この意味での信用創造（money creation）を明記しています[16]。

日銀も信用創造を行います。例えば日銀は、政府に融資をしたとき（例えば国債を直接的に引き受けた時）に、政府預金という負債を負います。政府預金は、政府が民間銀行に対する支払いに使える貨幣です。これが、日銀による信用創造です。ただし、直接引き受けは今の法律では原則として許されない決まりになっていますので、実際には迂回的《うかいてき》なやりかたがとられています。これについても、次章で詳しく説明します。

6　商品貨幣論と信用貨幣論

ここでは、商品貨幣論と信用貨幣論について比較検討を行います。

現在、マクロ経済学の主な教科書では、主に商品貨幣論に基づいた経済理論の説明が行われています（たとえばマンキュー 2011、110~111頁）。商品貨幣論では、貨幣はあくまでも商品が姿を変えたものという立場をとっています。それに対する信用貨幣論では、貨幣とは誰かが負債を負った時に、同時に生じる信用（債権）だという立場を取ります（図表2－9）。とはいえ現代ではどちらの論でも、銀行（中央銀行と民間銀行）によって信用創造が行われるという理解

図表 2-9　商品貨幣論と信用貨幣論の比較

	商品貨幣論	**信用貨幣論**
貨幣の本質	貴金属など商品の一種	貸借関係から生まれる「信用（債権）」
根拠	アダム・スミスの神話	歴史および現代の貨幣分析
信用創造	外生的貨幣供給論	内生的貨幣供給論
銀行の意義	預金から貸出する	貸出が預金を生みだす
経済学派	ポストケインズ派以外のケインズ派や新古典派	MMTを含むポストケインズ派

出典：筆者作成

は共通しています。

主な違いは、商品としての貨幣が預金されてはじめて貸出《かしだし》が可能となると考えるのか、あるいは貸出がおこなわれた結果として預金が創造されると考えるのか、という点です。前者の立場は「貨幣外生《がいせい》説」あるいは「外生的貨幣供給論」とよばれます。これは、商品としての貨幣の量は金融取引の「外で」決まっているという意味です。それに対して後者の立場は「貨幣内生説」あるいは「内生的貨幣供給論」とよばれます（ラヴォア2008、77頁）。金融取引の内部の働きの結果として貨幣の量が決まるという意味です。

実は、商品貨幣論の説明は事実ではなく、物々交換の神話に基づいています（グレーバー2016、第二章）。これはアダム・スミスの『諸国民の富（国富論）』によって広められたものです（スミス1959［1776］、第1編）。そのため、本書ではこれを「アダム・スミスの神話」と呼びます。

世界で最初の鋳造《ちゅうぞう》金貨は、紀元前600年頃のリュディア王国（現在のトルコあたり）のものとされています（グレーバー2016、337頁）。商品貨幣論の神話では、それよりも古い時代にはおカネがなかったので、まず物々交換《ぶつぶつこうかん》がされていて、そのうち取引の媒介《ばいかい》をするのに便利な特定のモノ（貝殻《かいがら》や貴金属など）が利用されるようになり、それが現在のような貨幣（硬貨や紙幣）へと進化し、銀行や信用が発展したとされています。

しかし、1776年以降、宣教師や冒険家、植民地の行政官たちはスミスの本を片手に世界中に散らばりましたが、物々交換の国を発見することはありませんでした。人類学者のキャロライン・ハンフリーは「物々交換経済について純粋で単純な事例が記述されたことなどない。物々交換から貨幣の発生についてはなおさらである。入手可能なあらゆる民族誌が、そんなものは存在していなかったことを示している」と結論づけました（Humphrey 1985、訳文はグレーバー2016、46頁より引用）。つまり、物々交換が貨幣の起源であるとする商品貨幣論には歴史的、人類学的な根拠がみつかっていないのです。

それに対して、信用貨幣論はどうでしょうか。すでに第1章1節で見たように、損害や罪を償う義務という意味を含む債務は、人類数千年の歴史があります。「信用制度や借用証（tabs）さらには経費勘定（expense accounts）さえも、現金よりもはるかむかしから存在していた。こういった事象はほとんど文明と同じぐらい古い」のです（グレーバー２０１６、30頁）。

商品貨幣論を真っ向から否定し、古代からの歴史に基づいて「信用のみが貨幣である」、「信用は現金よりはるかに古い」として、信用（債権）こそが貨幣発展の起源であると喝破《かっぱ》した最初の人物が、ミッチェル・イネスという人物です。イネスが１９１３年に発表した論文（Innes 1913）は、ケインズの書評によって酷評されました。当時はまだ、ケインズ自身が新古典派の経済学者であり、商品貨幣論に立っていたためです。しかしイネスの論文の歴史的記述に触発され、ケインズ自身も古代バビロニア等の貨幣研究を進め、ついには鋳造貨幣以前に物々交換がなされていたことを否定し、「貸出や契約を表示する計算貨幣の導入が、真に未開社会の経済状態を変化させた」と論じるに至るのです（古川２０１８、30頁）。

イネスを源流とする信用貨幣論は、歴史的・考古学的な事実とも合致し、現在の貨幣制度の記述としても適切です。しかも、商品貨幣論に立った経済理論や、それに基づく財政破綻論の誤りを、大きく修正する基盤となりうるものなのです。次章では、信用貨幣論に基づいて貨幣と財政の本質に迫ってゆきます。

第3章　バランスシートで分かる貨幣と財政の本質
――MMTからの示唆

貨幣と財政の本質を理解するうえで、MMT（現代貨幣理論）の知見が役に立ちます。

２０１６年、中野剛志《なかのたけし》氏がその著書『富国と強兵』の中で現代貨幣理論（MMT）を紹介して以来（中野 ２０１６、１１４頁）、日本でもMMTに関する議論が盛んになってきました。特に、２０１９年にMMTの始祖のひとりであるランダル・レイによる『MMT現代貨幣理論入門』の日本語訳（レイ ２０１９）が出版されて、経済に関心をもつ多くの方々がMMTを知る機会となりました。

レイが、MMTは「数多くの碩学《せきがく》の見識の上に築かれた、比較的新しいアプローチである」と述べているように（レイ ２０１９、38頁）、経済の問題に新たな洞察を与えてくれる幅広い様々な概念を含んでいます。ただ財政破綻問題に限れば、そのうちの「ストック・フロー一貫アプローチ」と「スペンディング・ファースト」というふたつの概念だけで、大きく視界が開けてきます。

図表 3-1　ある家計が銀行から借入した場合ＢＳ増減の表記法

表記法としては、ＢＳ（バランスシート）の増減としてＴ字型（左）としても、取引図（右）としても表現できる。

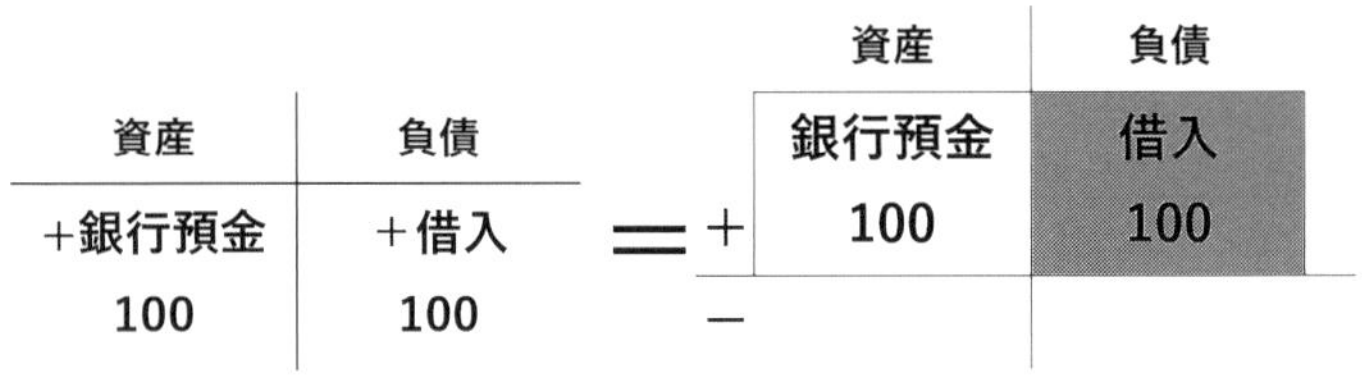

出典：筆者作成

1　部門間でのバランスシートと取引

本章を理解する上で欠かせないものが、簡単な簿記会計の知識です。ただ、これはそう難しい話ではありません。ある組織や部門の財務内容を示すには、財務諸表が用いられます。これには、バランスシート、損益計算書、キャッシュフロー計算書が含まれますが、必要なのはそのうちのバランスシート（ＢＳ《ビーエス》）だけです。これは、すでに第2章で登場したものですが、モデル化されたバランスシート（以下、ＢＳ）は、その増減だけに注目して、例えば図表3－1のような様式で示すことができます。

ここで「取引」について説明します。簿記会計での取引とは、一般社会での「取引」とは多少意味合いが異なり、ＢＳに変化を与えるような出来事（何らかの資金フローがある出来事）を指します。例えば、売上《うりあげ》をあげる、仕入れをするなどのほか、資金の借入《かりいれ》・貸出《かしだし》や何らかの資産の売買などは、簿記会計での「取引」ということになります。

たとえば、家計が銀行から借入をした（＋１００万円）ならば、取引銀行はその家計の銀行口座に１００万円を振り込んでくれますが、これは銀行の負債となります（図表３－２）。この取引（フロー）では、資産・負債（ストック）がともに同額増えています。ＢＳの増減分は、資産側（左）と負債側（右）は文字通りバランスする（同じ金額になる）わけです。

図表 3-2　民間銀行ＢＳの基本形

民間銀行

資産	負債
貸出	銀行預金

出典：筆者作成

注：銀行機能の基本である、貸出《かしだし》と銀行預金の関係である。民間銀行からみれば、第三者への貸出は自行資産となり、その貸出見合いで創り出した銀行預金は自行負債となる。なお準備預金など現行制度の制約からくる資産・負債は、この基本形ではひとまず無視している。実際の銀行のように、準備預金も含むモデルについては巻末付録で説明している。

２　ストック・フロー一貫《いっかん》アプローチとは何か

民間銀行のＢＳの基本形は次の形になっています（図表３－２）。実際に民間銀行にとって自行預金が負債であることは、株式上場している銀行のＢＳから確認できます（例えば、第２章の図表２－３、２－４、32頁～33頁）。

図表 3-3 ある家計が銀行から 100 万円借入した場合の取引図

銀行

	資産	負債
＋	貸出 100	銀行預金 100
−		

家計

	資産	負債
＋	銀行預金 100	借入 100
−		

出典：筆者作成

注：同じ色の項目は同じ内容を意味する

前節の例、「ある家計が銀行で100万円を借入した場合」について、銀行と家計を並列すると図表3－3のようになります。

図表3－3のように、2つ以上の部門（このモデルでは「家計」と「銀行」）にまたがってひとつの取引を記述し、部門間で収支を一貫させることを、MMTでは「ストック・フロー一貫アプローチ（stock-flow《ストックフロー》 consistent《コンシステント》 approach《アプローチ》, SFC）」（レイ2019、196頁）と呼びます。

部門内ではBSの増減額は、資産側・負債側で一致します（例えば、家計の銀行預金増は借入増と同額です）。部門をこえて同一の項目に着目すると、ある部門の資産は他部門の負債、ある部門の負債は他部門の資産という関係になっています（例えば、家計の資産である銀行預金は銀行の負債、家計の負債である借入＝銀行貸出は銀行の資産です）。したがって、部門間でのあるひとつの取引については、部門を超えた同じ債権・負債を全て相殺するとゼロになります。このことについてレイは「すべての金融資産には、同額の、その裏返

図表 3-4　銀行への負債が返済されると銀行預金も消失する

出典：筆者作成

注：家計が受けていた融資を返済した時の取引図である。家計部門の借入減は銀行預金減と同額であり、部門間では家計の銀行預金減により、銀行負債としての銀行預金も同額減額される。また、銀行ローンを借りた時の図表 3-3 とこの図表 3-4 を足しあわせるとわかるように、返済によって銀行と家計のバランスシートから、銀行預金もローンも消失する。

しとなる金融負債が存在することは、会計の基本原則」だと述べています（レイ２０１９、52頁）。

図表３－３は、融資によって、銀行の負債である預金という形で、貨幣が創られることを示しています（信用創造）。他方、信用創造で生まれたお金は、逆に貸出先の負債が返済されると消失します（図表３－４）。私たちの取引図では、マイナス側を水平軸の下側に描くこととしています。

〈なぜ預金や日本銀行券が貨幣として通用するのか〉

なぜ、銀行の負債（銀行に対する債権）である預金が、貨幣として通用するのでしょうか。

あなたが通信販売で靴屋さんから一足買い、銀行振込で後払いすることになったとしましょう。小包が届いて靴と振込用紙を受け取ったとき、あなたは靴屋さんに対して負債を負った状態になります。靴屋さんが、銀行振込で支払いを受け入れるということは、銀行預金（取引先銀行に対する債権）の形で支払いを受けるということです。靴屋さんの立場で考えれば、あなたに対する債権をそのまま保有するよりも、銀行に対する債権（銀行預金）で保有するほうが有利なためです。預金は第三者への支払いにも使えますし、失礼ながら素性も分からないあなたに比べれば銀行の方がはるかに信頼できるからです。第2章5節で、イングランド銀行の分析官らの「貨幣とはある種のＩＯＵ（債権証書）であるが、それは経済のなかの誰もが、モノ・サービスの対価として他者に受け入れられるだろうと確信している、特別なＩＯＵである」という言葉を紹介しましたが、まさにこの意味で、銀行預金は貨幣なのです。

日本銀行（日銀）が発行している1万円札などの日本銀行券（日銀券）も、日銀にとっては負債の証書（ＩＯＵ）です（日本銀行券は日銀のＢＳの負債側に記録されます、→図表2－6）。あなたが1万円札（日本銀行券）で靴を買おうとするとき、商品を手にとって靴屋さんのレジでその靴の代金を支払うまで、ごく短い時間ですが、右の「振込用紙」の場合と同様に、その代金を支払う義務（負債）を負います。これを1万円札で支払う時、お店はあなたに対する債権（未収金）を日銀のＩＯＵ（日銀券）と交換して決済したことになります。従って、日本銀行券もまた、イングランド銀行の分析官たちが定義する貨幣だということになります。銀行預金や日銀券は、民間銀行や日銀のＩＯＵですが、それらは経済の中で誰かが負った債務の決済手段となることで、モノ・サービスとの交換手段となっているわけです。このことが、銀行預金や日銀券にはなぜ価値があり、貨幣として通用するのかという問題に対する、信用貨幣論からの回答です。

３　円貨にはふたつの世界がある

第2章5節で、マネーストックとマネタリーベースについて説明しました。

一般の人々や企業が利用できるお金はマネーストックであり、民間に流通している現金（日銀券と硬貨）と、銀行預金などがこれに含まれます。それに対して、現金と日銀当座預金を合わせたものが、マネタリーベースです（図表2－7を参照）。**マネーストックは民間銀行の信用創造で金額が変化し、政府が直接的に制御できないのに対し、マネタリーベースは、統合政府（政府と日銀）の政策によって総額を決めることができます**。日銀当座預金はいつでも現金と引き換えることができますから、日銀当座預金と現金のそれぞれの金額は制御できませんが、その合計としてのマネタリーベースの金額は政府が国債を発行したり、日銀が国債を銀行等に対して売り買いしたりすることにより、確実に決定することができるのです（現金＋日銀当座預金＝マネタリーベース）。

マネタリーベースの一部である「日銀当座預金」は、民間の金融機関が日銀に置いている預金です。一般の人々や企業が日銀に口座を持つことはできません。日本銀行を中心とする資金決済のネットワーク（日銀ネット）の中では、この「日銀当座預金」を使って決済がなされています。

素朴に考えれば、金融機関どうしの取引も、私たちが使うマネーストックで決済するような金

図表 3-5　日本銀行による民間銀行への貸出の取引図

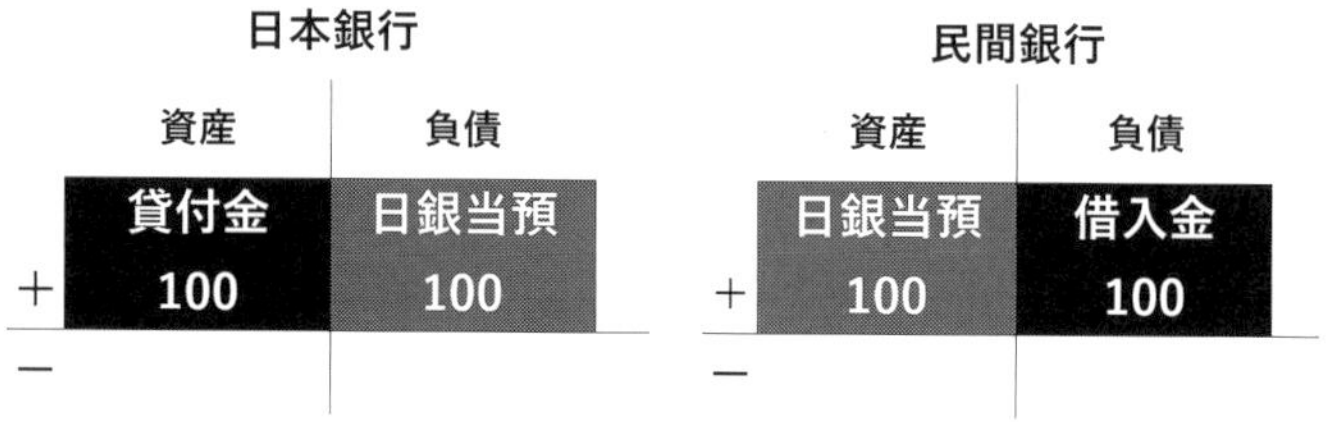

出典：筆者作成

注：当預は当座預金の略。

融世界であってもよいように思われますが、決済システムが円滑かつ安定して運行されるためには、金融のコアとなる日本銀行に、決済機関や短資会社だけが当座預金口座をもって決済する現行システムの方が、有利だと考えられています（青木２０００、46～50頁）。

日銀当座預金は、日本銀行が創り出すＩＯＵであり、おカネです。民間銀行が融資によっておカネを創れるのと同様に、民間銀行が日銀から当座預金を借り入れる場合にも、信用創造が行われます（図表３－５）。

この場合、日銀にとっては民間銀行に対する貸付金（当預《とうよ》貸出《かしだし》）の金額ぶんだけ資産が増加し、それと同じ金額だけ、負債としての日銀当座預金が増加します。これは、民間銀行にとっては資産となり、おカネとして使えるものですが、そのぶん民間銀行は日銀からの借入金ぶんの負債が増えます。

「日銀ネット」は、日銀とその取引先金融機関との間の資金や国債の決済を、日銀当座預金を用いてオンライン処理

図表3-6　国民経済と「日銀ネット」のつながり

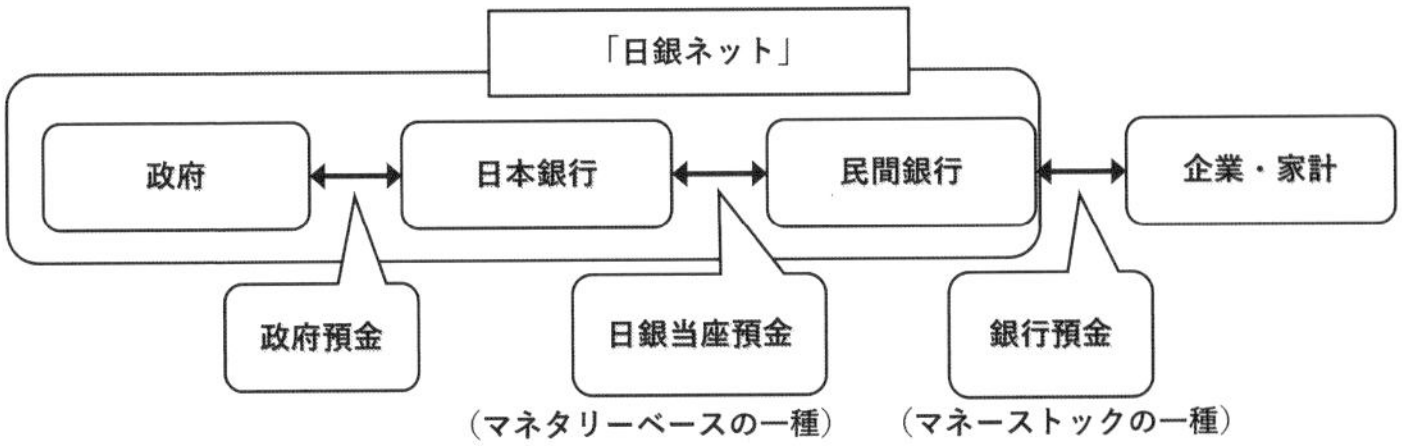

出典：筆者作成

するためのシステムです（図表3－6）。この日銀ネットにアクセスし、日銀当座預金で決済できる相手方《あいてがた》機関は、政府以外では日本銀行が選定する下記の相手方のみです（日本銀行2020）。

日本銀行に日銀当座預金口座をもつ相手方の範囲

（1）資金決済の主要な担い手（銀行、信用金庫、外国銀行支店、協同組織金融機関の中央機関、銀行協会など）

（2）証券決済の主要な担い手（金融商品取引業者〈証券会社、外国証券会社〉、証券金融会社など）

（3）短期金融市場取引の主要な仲介者（短資会社）

したがって、同じ円貨と呼ばれながら、私たちが使っているマネーストック（現金と、民間銀行の負債としての預金）と日銀当座預金はまったく性質が異なります（前者は銀行負債で、後者は銀行資産です）。日銀当座預金の流通範囲は日銀ネットの中だけです。日本経済には同じ「円」と呼ばれながら、全く性質の異なる2種類の円貨が、全く異なる空間で流通しているわけです（図表3－6）。

日銀ネットは日銀と政府、および日銀に接続された民間銀行等だけで閉じた決済システムになっていて、通用するのは日銀当座預金（および、それと等価の政府預金）だけです。民間銀行が企業や家計向けに発行する預金通貨は通用しません。基本的には家計や企業は、民間銀行を介さずに政府や日銀と直接取引することはできません。つまり、民間銀行と企業・家計との間ではマネーストック（銀行預金と現金）が使われ、日銀と民間銀行との間では日銀当座預金が使われます。政府預金は国庫金の統一的・効率的運用を図る見地から日本銀行本店のみに設置されており原則として、どの会計、どの資金に属するかといった所属区分はなく、すべての国庫金は一団となって政府預金に計上されています（大内 2005、51頁）。政府預金は、統計上はマネーストックでもマネタリーベースでもありませんが、貨幣としての性質に関しては、日銀に口座があるため、民間銀行などの日銀当座預金と同等です。

以上の説明から分かるように、マネーストックと日銀当座預金は全く「別の国」と言っていいぐらい、別の場所にあるものです。ただし、現金はあたかも「二重国籍者」のように、マネーストックとマネタリーベースの両方に含められています。とはいえ、現金を含めたモデルは複雑になりがちですので、以下では、なるべく現金を導入しないモデルで説明を行っています（現金については巻末付録1を参照）。

4　国内民間だけでの経済――モデル1　同一銀行に取引先口座がある場合

本節では、バランスシート取引図を用いて、銀行と企業との取引の仕組みを理解します。

まず、政府や海外が関係しない、国内の民間経済主体（国内民間）だけの経済を考えてみましょう。このモデルでは経済活動に使うお金は銀行の預金だけだとします。

モデル1では、取引銀行がともに銀行Aである企業α《アルファ》と企業β《ベータ》の取引を考えます（図表3－7）。この図では、取引項目（資産・負債を増減させるもの）を示す全ての長方形は、同じ金額（例えば1億円）だと考えてください。（a）企業αが企業βから中古ビルを買掛《かいかけ》（信用払《しんようばらい》）で購入し、（b）その支払いのために銀行Aから借入《かりいれ》する、とします。銀行Aは「キーストローク・マネー」で預金αを信用創造します。（c）代金は銀行内振替によって企業βの口座に振り込まれます。

（a）～（c）での一連の取引を通算しましょう。それぞれのバランスシートの中で、資産側・負債側に同じ項目が、プラス・マイナスの符号を反対にして存在する場合、それらを相殺《そうさい》させます。全ての金額は同じとしていますので、相殺された項目は消去されます。

結果的には、企業αでは実物資産の中古ビル増と借入A増がバランスし、銀行Aでは企業αへの貸出増と企業βの預金増がバランスし、企業βでは預金β増と中古ビル減がバランスしています（何かと何かが「バランスしている」とは、金額が同じであり、相殺するとゼロになるという

図表 3-7 モデル1：同一銀行に口座がある二企業間での取引

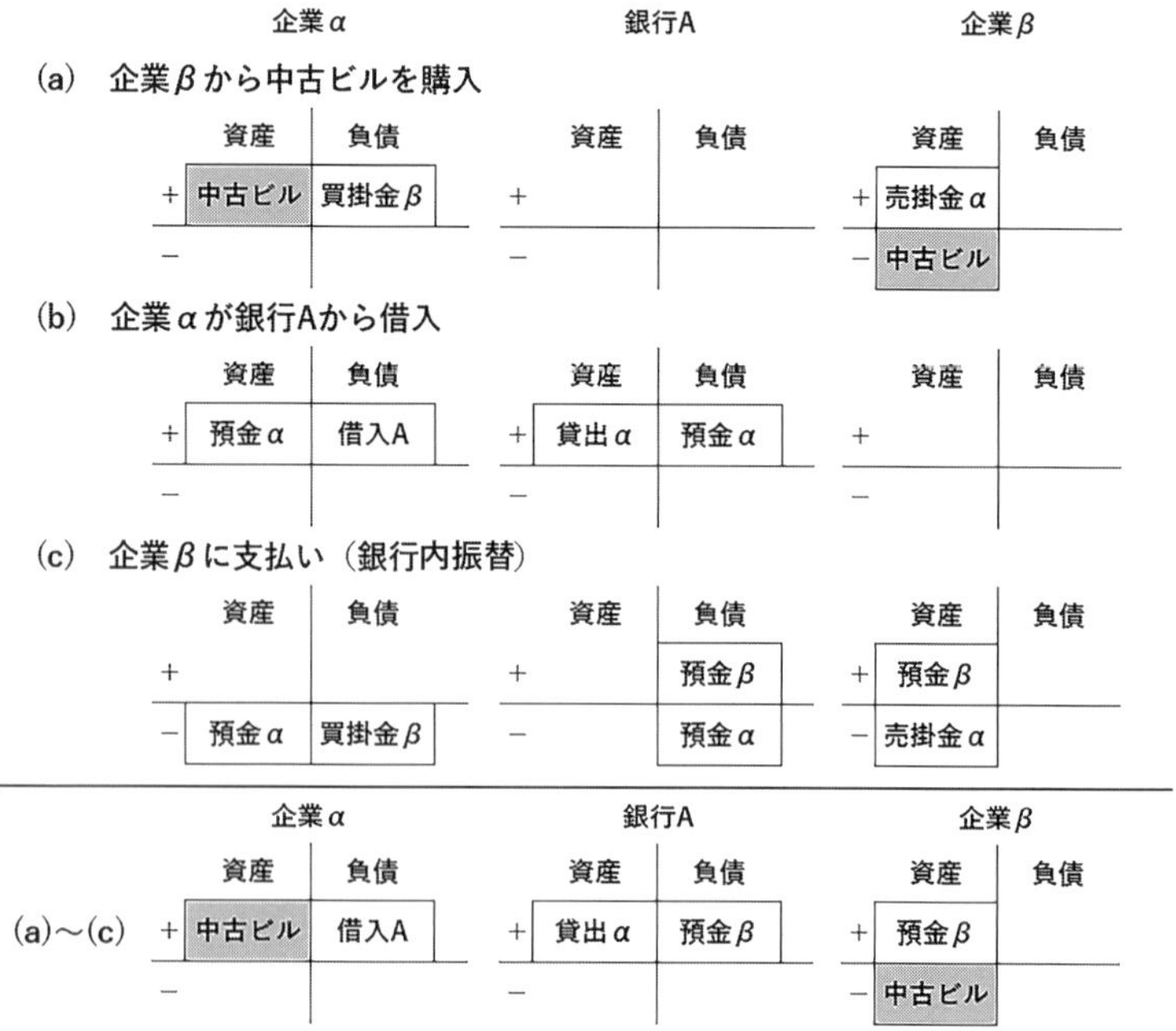

出典：横山 2015、p.80 に基づき筆者作成

注：資産側の「預金α《アルファ》」に付けられたαの文字は、企業αが保有する預金のこと。負債側の「借入 A」につけられた A の文字は、銀行 A に対する負債のこと。βの文字についても同様。

意味です）。企業αと銀行Ａとの間では借入と貸出がバランスし、銀行Ａと企業βの間では預金（預り）と預金（預け入れ）がバランスし、企業αと企業β間では中古ビルの受け取りと引き渡しがバランスしています（所有権が移動しただけです）。

5　国内民間だけでも実物純資産は増加しうるが、金融純資産は増加しえない

図表３－７では、いずれの経済主体の純資産も増加しておらず、みんなの純資産の増分を合計したものはゼロとなります。

各ＢＳの左側に書かれたもののうち、中古ビルは実物資産で、貸出や預金が金融資産となります。ＢＳの右側にある負債はすべて金融負債となります。各経済主体の金融資産と金融負債の差を「金融純資産」と言います。従って金融純資産は、企業αでは減少、銀行Ａでは変化なし、企業βでは増加、となります。

図表３－７は１回の取引を表していますが、取引が何回も繰り返されるとして、その結果の積み重ねとしての「ストック（ある時点での残高）」の金融資産、金融負債を考えても同じです。時間が経つにつれて、何らかの出来事によって、各経済主体のバランスシートのいずれかの項目の

金額が変化し、金融資産から金融負債を引いた「金融純資産」は増減する場合がありますが、誰かの金融純資産が増えた時には、他の誰かの金融純資産が同じ金額だけ減ります（例えば、銀行が貸付先の債務を1億円免除すれば、銀行の純資産が1億円減り、免除を受けた債務者の純資産は1億円増えます）。従って、国内民間だけのモデル1の場合、いつの時点でも、全ての民間経済主体の金融純資産を合計すると、残高は必ずゼロになります。また、同じことを違った側面から見るならば、全ての経済主体の、お互いの金融資産と金融負債を全て相殺すれば、残高は必ずゼロになります。

要するに、**政府や海外が関係しない、国内の民間経済主体どうしの取引では、国内民間の金融純資産は増減しないのです。つまり金融取引は「ゼロサム」で、純資産がプラスの人がいれば、必ずマイナスの人がいて、みんなの純資産を合計するとゼロになるわけです。**

それに対して、建物や機械などの実物資産は、生産されることによって増加し、使い古されることによって減少します。誰かの実物資産が増えたからと言って、他の誰かの実物資産が減るということにはなりません。国内民間の実物純資産は、全体として増加する可能性があるわけです。

６　国内民間だけでの経済——モデル２　別々の銀行に取引先口座がある場合

次のモデルでは、企業αとβの口座は別々の銀行ＡとＢにあるものとします。全体としては企業α、銀行Ａ、日本銀行、銀行Ｂ、企業βと、五者モデルとなります（図表３－８）。
※本書では五者モデルであるこの図表が最も煩雑なので、ここさえ乗り切れば、後の理解は容易です。

この図の取引を順に見てゆきます。企業αが他行Ｂの口座に送金する場合、現金を使うことはありません。

（ａ）では、企業αが企業βから中古ビルを買掛金《かいかけきん》（後で信用払《しんようばらい》）で購入します。

（ｂ）では、その支払いのために銀行Ａから借入をします。ここまでは同一銀行のモデル１（図表３－７）と同じです。銀行Ａは貸出αによって信用創造しています。

（ｃ）は、企業αが、他行に口座がある企業βに送金して決済する段階です。ここでは日銀の助けを借りる必要があります。送金とは、言わば企業αの預金を減らして企業βの預金を増やす作業なのですが、これが行われる際には日銀当座預金において、銀行Ａと銀行Ｂの口座の間で、同じ金額だけ振替《ふりかえ》が行われなければなりません。ここではちょうど、（ｂ）段階で信用創造が起こったのとは逆の、いわば信用破壊が生じます。日銀当座預金の減少額と同じだけ、預金αが消

図表 3-8　別々の銀行に口座がある二企業間での取引

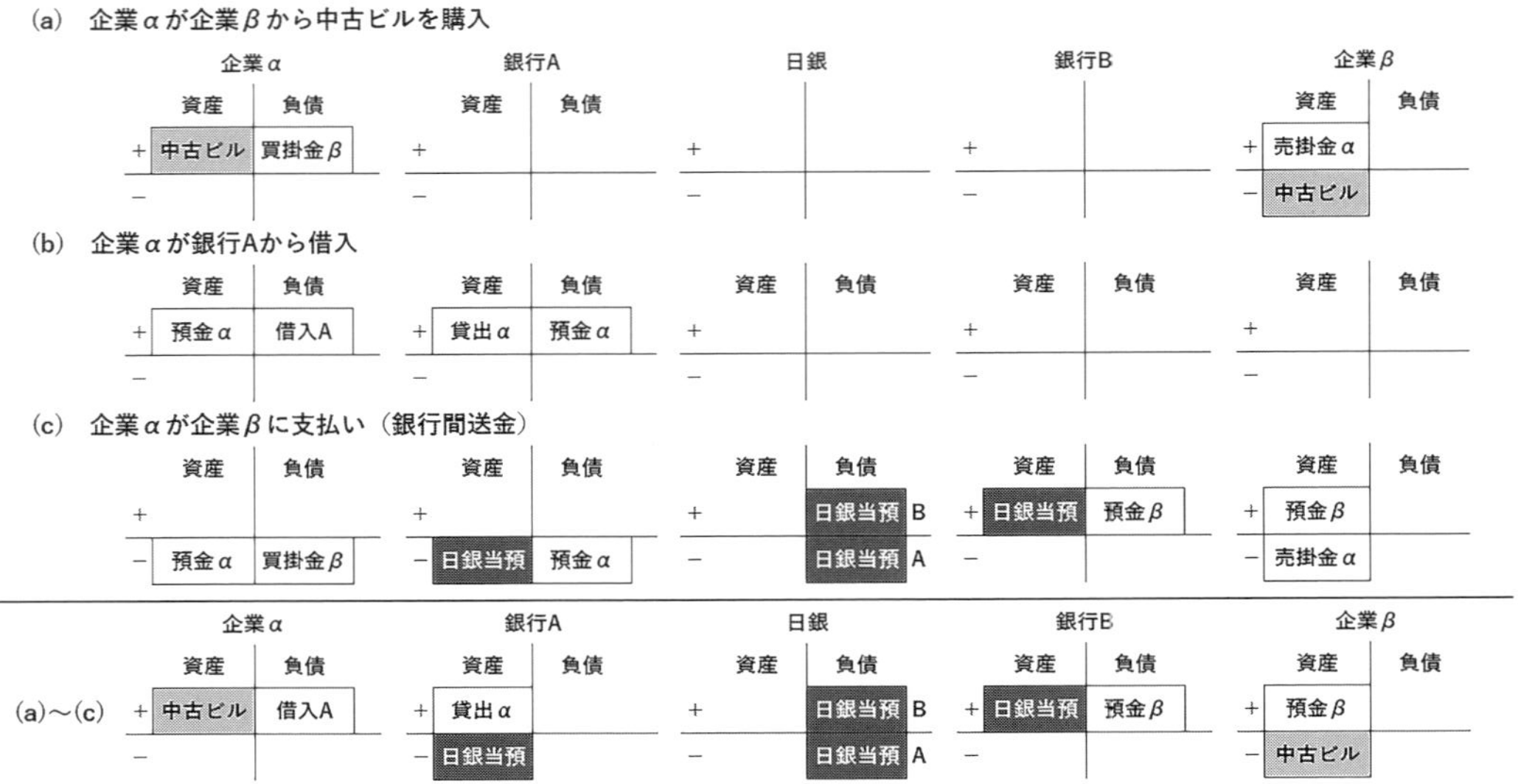

注：資産側の「預金α」に付けられたαの文字は、企業αが保有する預金のこと。負債側の「借入 A」につけられた A の文字は、銀行 A に対する負債のこと。βや B の文字についても同様。

出典：横山 2015、p.80 に基づき筆者作成

減するのです。日銀は負債の日銀当座預金において、銀行Aの口座から銀行Bの口座に振替《ふりか》えます。この（c）の段階で、日銀の中で行われる振替《ふりかえ》は、図表3－7に示した民間銀行内での振替（（c）企業βに支払い（銀行間送金））とそっくりです。

一見非常に複雑にみえる図表3－8ですが、日銀当座預金の部分を相殺し、銀行AとBをまとめれば、図表3－7と全く同じになります。つまり銀行Aと銀行Bを合わせてひとつの銀行部門と捉えれば、意味するところは全く同じであり、「**政府や海外が関係しない国内民間だけの経済では、経済全体では金融純資産は増減しない**」という結論も変わらないということになります。

7　バランスシート（BS）で分かる「スペンディング・ファースト」

経済は複雑なので、常識や直観で考えても間違うことがよくあります。一般常識では、政府は税金を集めて政府支出を行うものだと考えられています。そして、税金よりも政府支出が多ければ、赤字国債が発行されて、将来世代の負担になると考えられています。しかし、このような理解は間違っています。

実際には、政府は支出によって貨幣を発生させ、徴税によって貨幣を回収するのです。従って、

支出と税収の差額である財政赤字は、回収されずに世の中に残った貨幣の量を意味します。これが将来世代の負担になることはありません。

ＭＭＴでは、財政支出が最初だったという意味で「スペンディング・ファースト（spending first）」という言葉が使われます。これは、ＭＭＴの創始者の一人であるウォーレン・モズラーの「名刺税」の寓話によって、見事に表現されています。

一人の親と何人かの子どもからなる世界を想定しよう。ある日、親は子どもたちに、いろいろな家事をこなすごとに、自分の名刺を支払うと宣言した。この時点では、子どもたちは親の名刺を蓄積しようなどとは考えもしない。名刺にはほとんど価値がないためだ。しかし親が、この家で生活したいなら、それぞれが毎月２００枚の名刺を収めなければならないと言うと、たちまち名刺には価値が与えられ、家事が行われるようになった。納税義務を果たすために、名刺を使うようにさせることで、名刺に価値が与えられたのだ。税の機能は、税収そのものを得ることではなく、連邦政府が出す不換紙幣に対する需要を呼び起こすことである（Mosler 2012, Kindle 位置 no. 338）。

つまり「**租税は名刺を動かす**。**そして貨幣を動かす**」というわけです。租税が貨幣に価値を与えるとする考え方を租税貨幣論と言います。政府はまず民間に貨幣を支払わないことには、民間

図表 3-9　貨幣創造（信用創造）と貨幣消滅

〈上：信用創造〉　　**（万円）**

民間銀行		家計や企業	
資産	負債	資産	負債
貸出金　+100	預金　+100	預金　+100	借入金　+100

〈下：貨幣消滅〉　　**（万円）**

民間銀行		家計や企業	
資産	負債	資産	負債
貸出金　-100	預金　-100	預金　-100	借入金　-100

出典：筆者作成

から課税することができません。逆に言えば、独自に貨幣を発行できる政府は、支出をするためにまず課税をする必要はないというわけです。

ここからは、この洞察が現実の世界の記述として適切であることを確認するために、政府部門と民間部門の取引について理解を深めましょう。これまでの取引図にかえて、バランスシート（BS）の変化表を利用しますが、意味するところは全く同じです。取引図と変化表の両方を使うことによって、理解が一層深まるものと考えます。

図表３－９は、銀行が融資によって信用創造する様子を示したものです。これは図表３－３および３－４と全く同じ内容で、資産と負債の増減分だけを示します。図表３－９（上）では、民間銀行は貸出金という債権を

得ると同時に、預金という負債を負います。それと同時に、家計や企業は、資産として銀行預金を得て、借入金という負債を負います。

図表3－9の（下）は、信用創造の反対である貨幣消滅を示しています。融資が（この銀行の負債である預金によって）返済されたとき、銀行は資産としての貸出金と、負債としての預金を同時に消滅させます。つまり**債務の返済は、預金という貨幣の消滅を意味します**。

このような表を用いて、ここからは順に（1）政府が政府紙幣を発行する単純な仕組み、（2）政府支出が貨幣を生みだす仕組み、（3）課税によって貨幣が世の中から消滅するという事実、（4）国債が償還されると貨幣が消滅するという事実、を説明してゆきます。

（1）政府が紙幣を発行し租税を徴収する単純な仕組み

日本では明治元年に「太政官札《だじょうかんさつ》」という政府紙幣が発行され、しばらく使用されていました。政府紙幣の発行はインフレにつながるとして現在ではタブー視されていますが、明治初期の物価を見ますと、いまだ内乱おさまらない状況であったにもかかわらず、大した物価上昇は起こっていなかったことが知られています（廣宮 2013、94～98頁）。このような、政府紙幣を発行する政府をモデルにして、説明を行います。

昔々、絶対的な力を持っていた政府が、必要な物資を人々から力づくで徴発していたと考えま

図表 3-10　政府が物資（米 1000 俵）を徴発する場合

政府（単位：俵）		人々（単位：俵）	
資産	負債・純資産	資産	負債・純資産
米　+1000	負債　± 0	米　-1000	負債　± 0
	純資産　+1000	債権　± 0	純資産　-1000

出典：筆者作成

しょう（江戸時代に、農民から米で年貢《ねんぐ》を取っていたのは、それと同じことです）。図表３－10は、政府が人々から１０００俵の米を収奪する場合のＢＳの変化を、プラスとマイナスで示しています（昔々はバランスシートがなかったようですが、会計的な理解を深めるために、バランスシートを用いて考えます）。

　政府は資産が１０００俵増え、負債を負わないので、純資産が１０００俵分増加します。逆に、人々は資産を１０００俵奪われて、純資産が１０００俵分減ってしまいます（冗長ですが、確認のために、政府の負債と、人々の債権・負債が変化しないことを±０で示しています）。これが最も単純な、政府と人々のやりとりです。

　しかし、このようなことを続けていた政府が打倒《だとう》されると、新たな政府は「紙幣」を発行することにしました。１俵の米の価値を１円と定め、１０００俵の米を１円札１０００枚で買い上げることにしたのです。この紙幣は、借用書のような形をしており、一応、政府の帳簿には負債として記録されますが、こ

図表3-11　政府が物資（米1000俵）を紙幣で購入する場合

政府　（単位：円）		人々　（単位：円）	
資産	負債・純資産	資産	負債・純資産
米　+1000	紙幣　+1000	米　－1000	負債　±0
	純資産　±0	紙幣　+1000	純資産　±0

出典：筆者作成

れは不換紙幣であり、決して政府の債務を意味するものではないとされました（ただし、実際の歴史では、日本に複式簿記の考え方が渡ってきたのは、太政官札の利用が終わりに差し掛かった頃でした）。

それでも、人々がモノの売り買いにこれを使うことが奨励されました。

これを示したものが図表3－11です。この場合、政府は1000円分の米という資産を得ますが、1000円分の負債を記録して、純資産の変化はゼロとなります。他方、人々は米を売って紙幣を手に入れることになり、純資産の変化もなくなります。政府の負債は、人々の資産となりました。**政府の支出（政府支出）によって貨幣が創出された**ことが分かります。こうして人々は、以前とはちがって政府に反感をおぼえることが少なくなりました。

しかし、やはり人々にとっては、紙幣という紙切れをおカネとして取引に使う意味はほとんどなかったので、紙幣はなかなか流通しませんでした。すると、だんだんと、紙幣と引き換え

図表3-12　政府が千円の徴税をする場合

政府　（単位：円）

資産	負債・純資産
①租税債権 +1000	①純資産　+1000
②租税債権 -1000	②紙幣負債 -1000
＜結果＞	＜結果＞ 純資産　+1000 紙幣負債 -1000

人々　（単位：円

資産	負債・純資産
	①租税債務 +10
	①純資産　-10
②紙幣　-1000	②租税債務 -10
＜結果＞ 紙幣　-1000	＜結果＞ 純資産　-10(

出典：筆者作成

に政府に米を引き渡すのをいやがる人が出てきました。そこで政府は、なんじらは国家に借りがあるのだ、租税を支払うべき債務（租税債務）があるのだ、と言って、税金を徴収するようになりました。不思議なことに、人々はその理屈に納得して、税金を支払うことに同意しました。政府がその税金を、政府が発行した紙幣で支払うように決めると、なんと、この紙幣は誰にとっても必要なものとなり、人々はモノの売り買いにこの紙幣を使うようになりました。**これが、MMTで言うところの租税が貨幣を動かす（Taxes drive money）という説（租税貨幣論）であり、信用貨幣論（信頼できる債権が貨幣となる）と並んで、おカネがなぜ価値を持つのかという問題に対する一つの説明です**（レイ2019、123頁）。ただ、実際の太政官札の歴史をみますと、これでの納税を義務づけさえ

図表3-13　政府が課税した上で物資（米1000俵）を購入する場合、その1（3ステップ）

政府（単位：円）		人々（単位：円）	
資産	負債・純資産	資産	負債・純資産
①租税債権 +1000	①純資産 +1000		①租税債務 +1000
			①純資産 -1000
②租税債権 -1000	②紙幣負債 -1000	②紙幣 -1000	②租税債務 -1000
③米 +1000	③紙幣負債 +1000	③米 -1000	
		③紙幣 +1000	
＜結果＞	＜結果＞	＜結果＞	＜結果＞
米 +1000	純資産 +1000	米 -1000	純資産 -1000

出典：筆者作成

すれば円滑に流通したという簡単な話ではなさそうですので、ご注意ください[17]。

図表3－12は、徴税の仕組みです。政府は①租税債権・債務を設定したのち、②紙幣を回収して、租税債権と紙幣負債を相殺します。人々にとっては租税債務が減ると同時に紙幣が失われます。こうして、世の中（政府以外の世界を世の中と言います）から紙幣が消滅します。**税は貨幣を消滅させる**のです。

最後に、政府が課税した上で、米1000俵を購入する場合を、三つのステップに分けて考えましょう（図表3－13）。表の中の番号を確認しながら読み進めてください。なお、米1俵は1円とします。

まず、①政府が1000円の租税債権を一方的に設定します（政府は租税債権と純資産が増え、人々は租税債務によって純資産がマイナス

図表3-14　政府が課税した上で物資（米千俵）を購入する場合、その２（最終結果）

政府　（単位：円）

資産	負債・純資産
米　+1000	負債　±０
	純資産　+1000

人々　（単位：円）

資産	負債・純資産
米　-1000	負債　±０
紙幣　±０	純資産　-1000

出典：筆者作成

になります）。次に、②政府はすでに出回っている紙幣から１０００円ぶんの徴税をします（人々にとっては、１０００円分の紙幣と租税債務が消えます）。最後に、③政府が１０００円の紙幣を再度発行して、米を１０００俵（１０００円分）購入します（政府は米という資産を手にいれ紙幣負債を負い、人々は紙幣と米という資産を交換します）。その結果、最終的にはＢＳはどのように変化するでしょうか。各経済主体のＢＳの左右の同じ側に、全く同じ項目があれば、それを足し合わせて相殺しましょう。すると図表３－14が得られます。これに見覚えはありませんか？　実はこれは、図表３－10「政府が物資を徴発する場合」と同じ結果になります。つまり、**課税をした上で政府が人々からモノを買うのと、徴発するのとでは、会計上は全く同じことになるのです**。でも現実には、租税を間にかませることによって、徴発の暴力性が覆い隠されているのです。

政府（中央政府） 2018.3.31（兆円）

資産	671	負債・純資産	671
金融資産	414	負債	1239
現金・政府預金	48	公債	967
証券等・債権等	364	その他負債	271
固定資産	183	純資産	△ 568
出資金	75	［※ここにマイナスで計上］	

日本銀行 2020.1.20（兆円）

資産	574	負債・純資産	574
金地金・現金	0.6	**発行銀行券**	**109**
国債	481	**日銀当座預金**	**397**
貸付金	49	政府預金	26
有価証券・信託	35	その他負債	38
その他資産	8	負債合計	570
		純資産	3

図表 3-15　4部門バランスシート

民間金融機関　2018末

資産	2918	負債・純資産	2918
金融資産	2908	負債	2808
現金・有価証券等	346	預金	1309
その他金融資産	2562	その他負債	1499
固定資産	10	純資産	110

民間非金融（人々・企業）　2018末

資産	4095	負債・純資産	4095
金融資産	3050	負債	2038
現金・預金	**1289**	借入金	726
その他金融資産	1761	債務証券ほか	1312
固定資産	1045	純資産	2057

出典：政府と日本銀行は図表2-5と同じ。民間金融機関と民間非金融のバランスシートの数字は、政府のGDP統計（2018年度国民経済計算）のストック編（Ⅲ.付表のうち、6.金融資産・負債の残高（1）総括表、および4.固定資本ストックマトリックス（名目））の数値に基づく（同時点の値が利用可能ではないため、民間の金融資産は2018年度末、固定資産は2018暦年末の値であるが、そのまま用いた。民間非金融の数字は、民間非金融法人企業と家計、対家計民間非営利団体の単純合計である）。四捨五入の関係で合計が合致しない場合がある。

図表 3-16　政府支出によって貨幣が生まれる、その１　単位：百万円

政府

資産	負債・純資産
①消防車 +50	①政府小切手 +50
④政府預金 -50	④政府小切手 -50
⑤政府預金 +50	⑤国債 +50

日銀

資産	負債・純資産
③政府小切手 +50	③準備預金 +50
④政府小切手 -50	④政府預金 -50
	⑤準備預金 -50
	⑤政府預金 +50

民間銀行

資産	負債・純資産
②政府小切手 +50	②銀行預金 +50
③政府小切手 -50	
③準備預金 +50	
⑤国債 +50	
⑤準備預金 -50	

民間非金融（人々・企業）

資産	負債・純資産
①政府小切手 +50	
①消防車 -50	
②政府小切手 -50	
②銀行預金 +50	

出典：筆者作成

（２）政府支出が貨幣を生みだす仕組み——現代の政府の場合

現在の日本のような国では、人々から選ばれた政府と、形式的には独立した中央銀行との協調によって、複雑なやり方で貨幣発行と財政運営がなされています。しかし、本質は政府紙幣の場合と同じであることを、ここでは説明してゆきます。これを理解するために、政府、日本銀行、民間銀行、民間非金融という4部門バランスシートを、つねに同時にとらえることに慣れてゆきましょう（図表３－15、および巻末付録２）。

ちなみに、図表３－15では、日本銀行の負債側の発券銀行券（１０９兆円）と日銀当座預金（３９７兆円）の合計（５０６兆円）がマネタリーベースに（ほぼ）相当します（硬貨は除きます）。他方、民間非金融部門の現金・預金（１２８９兆円）がマネーストックに相当します（図表では文字を強調しています）。

これを念頭に置いた上で、政府支出が貨幣を生みだすことを確認しましょう（図表３－16）。**政府はたとえ税収を得ていなくても、民間から物資を購入することができます。**ここでは、政府小切手を使った取引を考えましょう。以下、全ての項目の金額は五千万円とします。①政府は民間企業から消防車を購入し、政府小切手を渡します（小切手は簿記《ぼき》の仕訳《しわけ》では現金として処理されますが、ここでは説明の便宜のために、政府のＩＯＵとして負債に明示します）。②民間企業は

図表 3-17　政府支出によって貨幣が生まれる、その2（最終結果）

単位：百万円

政府

資産		負債・純資産	
消防車	+50	国債	+50

日銀

資産		負債・純資産	

民間銀行

資産		負債・純資産	
国債	+50	銀行預金	+50

民間非金融（人々・企業）

資産		負債・純資産	
消防車	−50		
銀行預金	+50		

出典：筆者作成

政府小切手を銀行に持ち込みます。③民間銀行は中央銀行に政府小切手を持ち込んで準備預金に替えてもらいます。④中央銀行は政府小切手を政府に渡して、小切手に対する支払いとして政府預金を五千万円ぶん引き落とします。⑤民間銀行が金利の付かない準備預金に代えて、金利が付く国債を買うのですが、そのさい中央銀行が準備預金と政府預金を振り替えます。

各経済主体のBSの同じ側で同じ項目を合算（相殺）すると、図3－17のようになります。まず右下の人々・企業は、消防車を渡して銀行預金を手にしています。左下の民間銀行は、銀行預金という負債を負って、国債という資産を手にしました。右上の日銀は、バランスシートの両側とも変化なしです。左上の政府は、国債という負債を負って消防車を手にいれました。この過程で、政府支出によって、民間非金融

（人々・企業）にとっての銀行預金と、民間銀行にとっての国債（というおカネのようなもの）が生まれたことが分かります（↓本章９節）。

こうして、政府は税金を先に取らなくても支出ができ、その支出で貨幣が生まれることが確認できました。**まず政府が支出することによって、世の中におカネが生まれ、あとで税として回収できるようになるのです。まさにこれが「スペンディング・ファースト」です。**

ここで法的なルールを加えて、政府は先に国債を売って政府預金を調達せねばならないと決めても、結局は同じことになります。次頁の図表３－18は、実際の日本政府の財政支出の仕組みを模式的に現したものです（ここでは取引図で示します）。現在の日本では、政府はまず国債を発行して政府預金を確保せねばなりません（民間銀行は十分な日銀当座預金を保有しているものとします）。この場合も、税収を得る前に支出が行われるという意味で、「スペンディング・ファースト」と呼ばれます。

（a）政府預金調達（国債発行）：政府は国債を民間銀行などに売却して政府預金を得ます。この時、日銀に預けられていた銀行の日銀当座預金が、政府預金に振替《ふりか》えられます。なお、ここでいう国債には政府短期証券（ＴＢ）なども含まれます。

（b）政府支出：政府預金で民間非金融からサービスを購入する場合、政府は購入先の口座がある民間銀行の口座に日銀当座預金（日銀当預《にちぎんとうよ》）を振り込むように指示します。日銀が政府預金

図表 3-18　国債発行から始まる財政支出

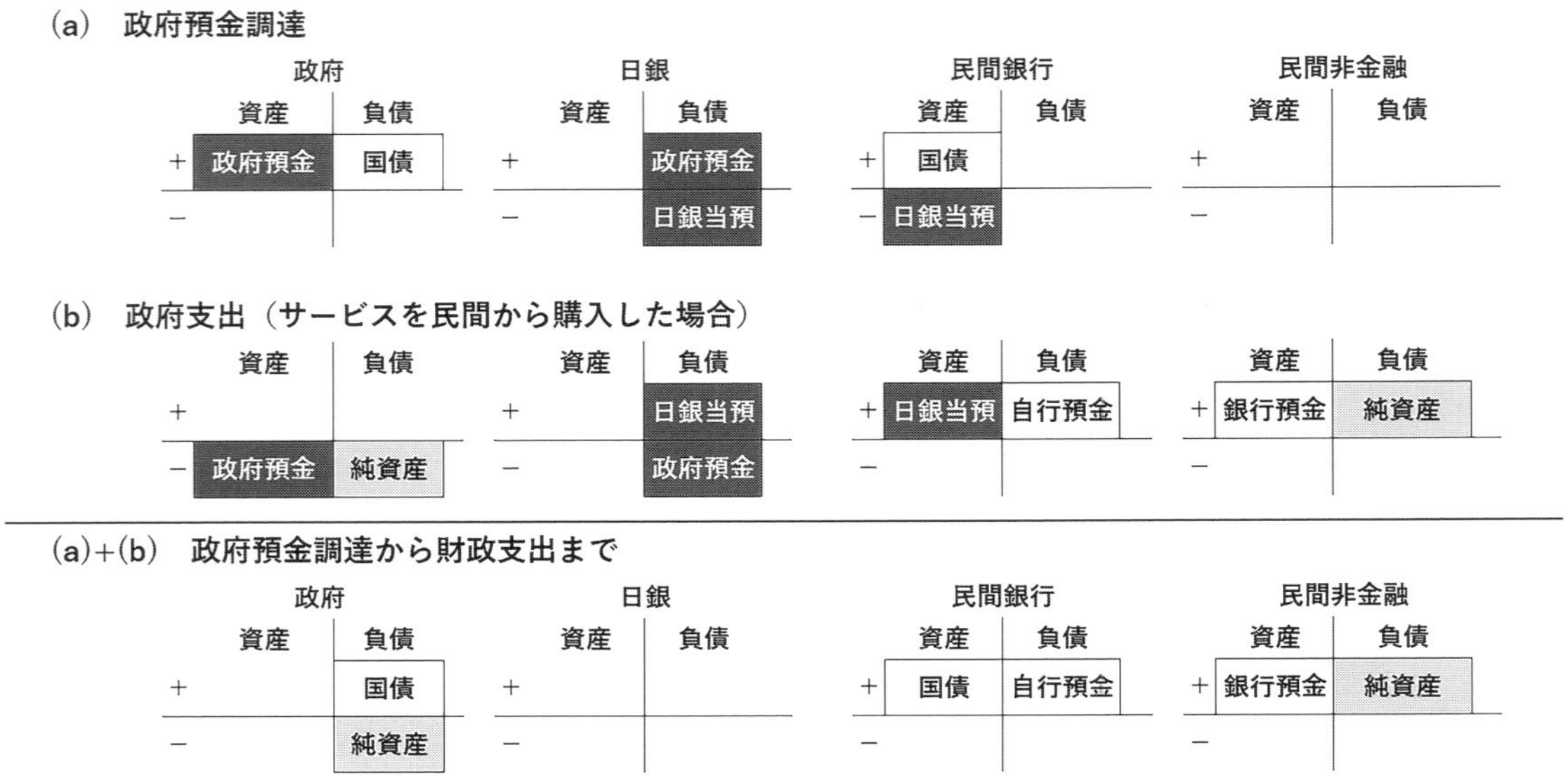

出典：筆者作成

を銀行の日銀当預に振替えると、民間銀行は日銀当座預金を獲得した見返りに、指示された自行口座に預金を信用創造します。サービスは資産として残りませんので、政府のバランスシート上は減少した政府預金とバランスする相手がなく、民間のバランスシート上は増加した銀行預金とバランスする相手がありません。資産側と負債側に差が発生する場合、この差を埋める残余変数が「**純資産**」という項目です（レイ２０１９、89頁）。これは民間では資産に対して負債が足りず、政府では負債に対して資産が足りないことを意味しています。

（a）＋（b）通算した財政支出過程：政府預金調達から財政支出まで通算すると、政府では国債が増加し、金融純資産が減少、日銀では資産の増減なし、民間銀行では国債と自行預金が増加し、民間では銀行預金（マネーストック）と金融純資産が増えます。このモデルでは銀行部門には最初から日銀当座預金があるものとしましたが、（a）の政府預金調達（国債発行）段階で、銀行の日銀当座預金から政府預金に移った金額は、（b）の政府支出段階で銀行の日銀当座預金に振り込まれて戻ってきます。

従って、このモデルでみる限り、政府支出には事前に徴税の必要はなく、当初の民間銀行預金はゼロでもよく、政府支出の財源のようにみえた銀行部門の日銀当座預金も増減はしないということになります。

図表３－18の財政支出をおこなった後の状態（a＋b）では、民間銀行と民間非金融を連結（銀行預金を消去）して「民間部門」としてとらえた場合、**民間部門は国債の形で「政府に預金」し**

ているという見方が可能です。

図表3－17および3－18から分かるのは、政府が政府小切手で支出を行っても、国債を発行して支出を行っても、それは財政破綻を懸念する論者たちが信じているように将来世代へのツケ（つまり将来における同額のマネーストックの減少）となるのではなく、逆に現在の民間のマネーストックが同額増えるだけだということです。部門収支を確認すると、国債と同じ額だけ民間部門では預金が増えて金融資産が増加したことが分かります。金融純資産は、この国全体で通算すればゼロのままですが、民間部門だけを見れば、政府支出によって純増しているのです。これは、本章5節の国内民間だけの経済において、金融純資産が変化しなかったのとは大きな違いです。繰り返しになりますが、当然のことながら、消防車や橋、道路などの実物資産は、政府支出に応じて生産されることによって、国全体でみても増加します。

（3）課税によって貨幣が世の中から消滅するという事実

政府の赤字支出によって貨幣が増えるのに対し、課税によって貨幣が消えます。この事実は、政府と中央銀行が分離された場合でも、政府紙幣を発行する政府の場合でも、同じように当てはまります。ここでは、政府と中央銀行を合わせたものを「統合政府」と呼び、民間銀行と民間非

図表3-19　課税によって貨幣が世の中から消滅する、その1

単位：億円

政府

資産		負債・純資産	
①租税債権	+5	①純資産	+5
②租税債権	−5		
②政府預金	+5		

日銀

資産		負債・純資産	
		②準備預金	−5
		②政府預金	+5

民間銀行

資産		負債・純資産	
②準備預金	−5	②銀行預金	−5

民間非金融（人々・企業）

資産		負債・純資産	
		①租税債務	+5
		①純資産	−5
②銀行預金	−5	②租税債務	−5

出典：筆者作成

金融を合わせたものを「世の中」とします（巻末付録2）。

図表3－19で、二段階で理解しましょう。①政府が人々に対して租税債務を負わせます。②人々が銀行預金を使って税金を支払い、租税債務を履行します。ただし、民間銀行が政府に送金するとき、それは中央銀行によって代行されます。すなわち、銀行預金が減り、準備預金が減り、政府預金が増えます。

この取引を整理すると、結果的に、世の中からおカネ（準備預金、銀行預金）が消えたことが分かります（図表3－20）。政府預金が生まれているように見えますが、これはあくまで統合政府内の勘定に過ぎず、世の中にとっての

図表 3-20 課税によって貨幣が世の中から消滅する、その 2（最終結果）

単位：億円

政府

資産		負債・純資産	
政府預金	+5	純資産	+5

日銀

資産		負債・純資産	
		準備預金	−5
		政府預金	+5

民間銀行

資産		負債・純資産	
準備預金	−5	銀行預金	−5

民間非金融（人々・企業）

資産		負債・純資産	
銀行預金	−5	純資産	−5

出典：筆者作成

おカネではありません（政府預金がマネタリーベースにもマネーストックにも含まれないことを思い出してください）。

だからと言って、租税が不要だというわけではありません。租税がなければ、貨幣の価値を安定させることは難しくなります。租税の役割は、（1）貨幣を消滅させてインフレを防ぐこと、（2）累進課税による富の再分配、（3）社会的に望ましくない行為やモノ（バッズ）を減らすこと、です。（3）の例として考えられるのは、環境汚染物質の排出に対する課税や、たばこ税、バブルを予防するための資産課税などです。

ここまでのお話が理解できたら、「課税によって国債を返済（償還）すると貨幣が消滅する」という事実も理解できるでしょう。読者のみなさんは、その過程を同じようなＢＳで記述することができるでしょうか。ひとつの練習問題として提起いたします。その答えは、第５章（図表５－１）に示されています。

８　国債発行と償還の仕組み

日本で発行されている国債にはさまざまな種類があります（財務省２０１９、36〜49頁）。まず発行根拠法別にみれば、普通国債（建設国債、特例国債、復興債、借換債）と財政投融資《ざいせいとうゆうし》特別会計国債（財投債）の大きく２つに分けられますが、実はいずれも全く同じ国債です。発行は一体として行われており、金融商品としても金利・満期など全く同じもので、市場でも区別なく取引されています。従って会計的には、発行根拠法別に日本国債をさらに区別して考える必要はありません。

次に発行方式で見れば、市中発行（民間金融機関に日銀ネット内で売却する方法→図表３－18）の他に、個人向け販売、公的部門発行方式（日銀乗換《のりかえ》）があります。日本銀行による直接の引き受けは、かつては昭和恐慌期に高橋是清《たかはしこれきよ》蔵相によって周到に行われ、デフレ不況からの脱却に寄与したことがありますが、現在は財政法５条で原則禁止されており、日銀乗換は同条ただし書きにおいて、

図表 3-21 個人向け国債による財政支出

(a)個人向け国債発行

	政府 資産	政府 負債	日銀 資産	日銀 負債	民間銀行 資産	民間銀行 負債	民間非金融 資産	民間非金融 負債
＋	政府預金	国債		政府預金			国債	
−				日銀当預	日銀当預	自行預金	銀行預金	

(b)　政府支出（サービスを民間から購入した場合）

	政府 資産	政府 負債	日銀 資産	日銀 負債	民間銀行 資産	民間銀行 負債	民間非金融 資産	民間非金融 負債
＋				日銀当預	日銀当預	自行預金	銀行預金	純資産
−	政府預金	純資産		政府預金				

(a)＋(b)個人向け国債発行での財政支出過程

	政府 資産	政府 負債	日銀 資産	日銀 負債	民間銀行 資産	民間銀行 負債	民間非金融 資産	民間非金融 負債
＋		国債					国債	純資産
−		純資産						

出典：筆者作成

国会の議決を経た範囲内で認められている例外として位置づけられています（財務省 ２０１９a、44頁）。

個人向け国債は２００３年３月より発行が開始されました（財務省 ２０１９a、42頁）。個人向け国債は２０１９年度の国債発行総額１４８・７兆円のうち４・７兆円であり、シェアは３％程度です。市中発行国債を買えるのは日銀当座預金をもつ金融機関等だけですが、個人向け国債は、一般人でもマネーストック（預金など）で購入できます。とはいえ、その取引の途中には日銀と民間銀行による日銀当座預金を用いた取引が介在します。

〈個人向け国債による財政支出〉

個人向け国債で財政支出をした場合は図表３－21のようになります。

（a）個人向け国債が発行されると、民間非金融の銀行預金（マネーストック）が減少する一方、政府では政府預金が増加します。

（b）この政府預金を使って政府支出（例えばサービスを民間から購入）したとすると、政府では政府預金が減少し、民間非金融では銀行預金が増加します。

（a）＋（b）で、個人向け国債発行による政府支出の過程を通算してみると、政府は民間非金融からサービスを購入し、流動性のある銀行預金の代わりに流動性のない国債で支払った形に

図表 3-22 日本銀行による国債の直接引き受け（直接的財政ファイナンス）

	政府		日銀		民間銀行		民間非金融	
	資産	負債	資産	負債	資産	負債	資産	負債
＋	政府預金	国債	国債	政府預金				
－								

出典：筆者作成

図表 3-23　民間がもつ国債を償還する場合の取引図

市中発行国債の償還

	政府		日銀		民間銀行		民間非金融	
	資産	負債	資産	負債	資産	負債	資産	負債
＋				日銀当預	日銀当預			
－	政府預金	国債		政府預金	国債			

個人向け国債の償還

	政府		日銀		民間銀行		民間非金融	
	資産	負債	資産	負債	資産	負債	資産	負債
＋				日銀当預	日銀当預	銀行預金	銀行預金	
－	政府預金	国債		政府預金			国債	

出典：筆者作成

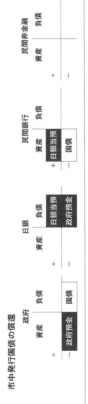

図表 3-24　日銀保有国債の償還

政府

	資産	負債
＋		
－	政府預金	国債

日銀

	資産	負債
＋		
－	国債	政府預金

出典：筆者作成

なります。

〈日本銀行による国債の直接引き受け（直接的財政ファイナンス）〉

日本銀行による国債の直接引き受けは、直接的財政ファイナンスとも呼ばれます（図表3－22）。この取引図は非常に単純で、政府が日銀に国債を引き受けさせたのと同じだけ、政府預金が増加します。後述の、日銀乗換による借換債発行プロセスの一部（図表3－25のb）は、この直接的財政ファイナンスに相当するものです。

国債の償還とは、満期になった国債の元金を返済することです（図表3－23）。これは政府の立場で見れば、資産である政府預金を使って負債の国債を消滅させることを意味します。

民間がもつ個人向け国債を償還する過程は、国債を発行して政府預金を得た過程（図表3－21）の逆になります。民間銀行の場合は日銀当座預金との交換になり、民間非金融部門の場合は銀行預金と国債の交換になります。

日銀がもつ国債を償還する過程は図表3－24に示されていますが、これは図表3－21のそれぞれの項目の「＋」が「－」に変わるだけです。

国債とともに政府預金が消えるのです。

〈国債の借り換え〉

国債を償還するには政府預金が必要ですが、必ずしも課税をしなくても、借換債《かりかえさい》を発行して政府預金を調達することができます。実際に、償還原資となる政府預金の大半は国債発行（借換債）によって手当されています。

民間が持つ国債の借り換えを、民間に対する借換債の発行で行った場合、図表3－23で示した取引と同時に、ちょうどその逆の取引が行われるだけですから、最終的なバランスシートは変化しません。

ちなみに、普通国債のうち、建設国債と特例国債については60年で元本まで償還する「60年償還ルール」のために、元金の100分の1・6に相当する金額が、一般会計予算に「国債費」の「債務償還費」として計上されています。これは財政規律のために必要だと信じられていますが、実際には他の国には見られない全く不要なルールです。詳しくは第5章1節をご覧ください。

〈日銀乗換による借り換え〉

日銀乗換《のりかえ》は、日本銀行が保有する国債が満期を迎える際に、その国債の一部について、国に償還を求める代わりに借換債を引き受けるものです。この場合の借換債の発行形態のことを、公的

図表 3-25　日銀乗換《のりかえ》

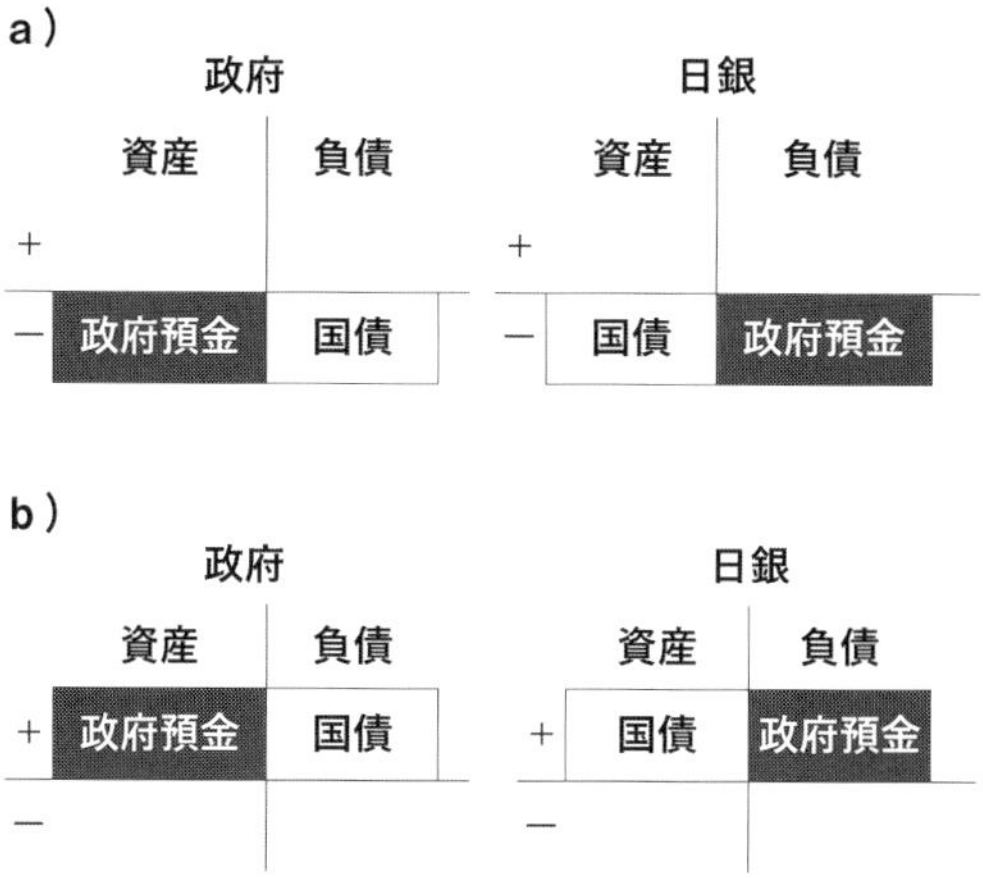

出典：筆者作成

部門発行方式（日銀乗換）と言います。日銀乗換での国債（借換債）発行は図表3－25のようになります

a)で日銀保有国債が償還され、政府預金と国債が消滅します。その後、b)で借換債を日銀が引き受け、政府預金と国債が発生します。

その結果、バランスシートには何の変化も起こらなかったことになります。

9　国債とはそもそも何なのか

本章第7節で述べたように、たとえ民間銀行部門や民間非銀行部門が金融資産を保有していなかったとしても、政府は国債を発行で

図表 3-26　国債とはなにか、マネーストック世界からのアナロジー

	要求払預金	定期性預金
マネーストック世界	普通預金	定期預金
発行者	民間銀行	
「日銀ネット」内	日銀当預	市中発行国債
発行者	日銀	政府

出典：筆者作成

きます。図表３－17や３－18で見たように、（政府支出が先か、国債発行が先かに関わらず）政府支出が行われた結果として、最終的に国債と民間銀行預金が両建てで増えます。ということは、政府は**国債（政府の負債）を財源として政府支出をし、民間の金融純資産を増やす**ことになります。

　国内民間だけの経済での民間銀行は、貸出《かしだし》を資産として銀行預金を信用創造しました（図表３－３）。それに対して、政府支出がある場合（図表３－17や３－18）には、民間銀行は国債を資産として銀行預金を信用創造したことになります。これは、マネーストック世界における信用創造です。民間銀行が信用創造によって作りだす預金には、普通預金や定期預金があります。普通預金は、保有者が必要な時に決済に使えるものです（要求払預金《ようきゅうばらいよきん》）。それに対して定期預金は、決済にすぐには使えないものの、要求払預金と互換性があり、普通預金よりも高い金利がつくものです。

図表 3-27　三つの信用創造

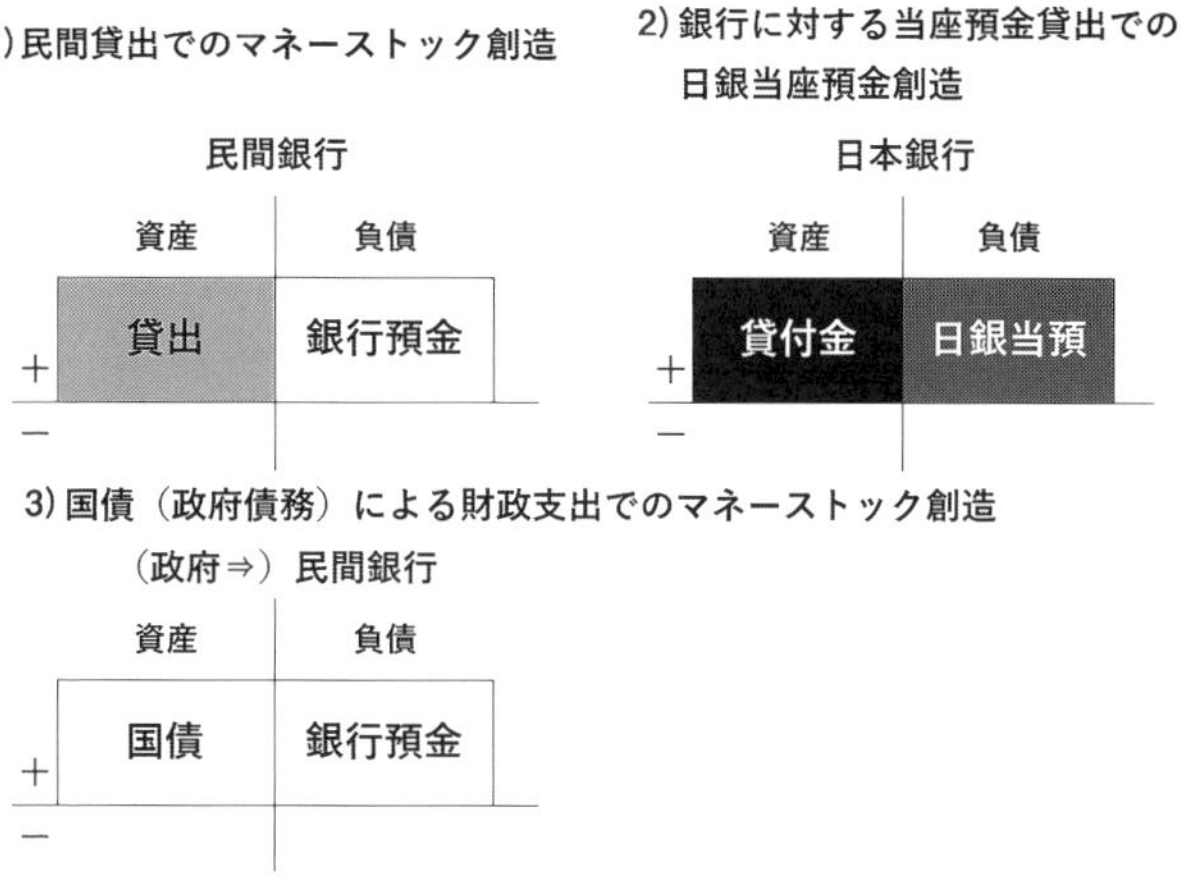

出典：筆者作成

マネーストック世界で普通預金と定期預金の区別があるように、銀行が関わるマネタリーベースの世界（日銀ネット内）においても、普通預金と定期預金に当たるものがあります。それは**日銀当座預金と国債**[18]です（図表3−26）。第2章5節で貨幣を定義した時に、そこに国債を含めることはしませんでしたが、おカネはIOU《アイオーユー》（借用書、債権証書）だという定義からすれば、国債はその意味でおカネのようなものと考えることができます[19]。**民間銀行等にとって、日銀当座預金は普通預金で国債は定期預金だという捉え方は、量的緩和政策のような金融政策（の効果のなさ）を考える上でも重要です。**

　日銀当座預金と国債は日銀ネット内で、いわゆる「売りオペ（日銀が銀行等に国債を売り、日銀当座預金を吸収すること）」、「買いオペ（日銀が銀行等から国債を買い、日銀当座預金を与えること)」によって簡単に交換されます。つまり銀行にとっての「普通預金と定期預金の入れ替え」は、電子的な処理で、簡単かつ迅速《じんそく》に行われるのです。

ここで既出《きしゅつ》の信用創造の基本図を再掲します。図表3－27の上の2つの図は、図表3－3と3－5と同じものです。その下に、図表3－18のように国債を民間銀行が購入した場合の、銀行BSの最終形を示します。

こうしてみると、金融・経済の中では3種類の信用創造が行われていて、

1）**民間貸出での信用創造**は、マネーストックを増加させる（ただし、民間部門の金融純資産の増加にはならず、返済の時にマネーストックが減少する）、

2）**日銀ネット内での日銀による信用創造（日銀による貸付金）**は、日銀当座預金の貸し付けであり、マネタリーベースを増加させる（ただし、日銀ネット内での金融純資産の増加にはならず、返済の時にマネタリーベースが減少する）、

3）**国債（民間銀行向け定期預金）を原資にした民間銀行の信用創造**は、政府負債とマネーストックを同時に増加させる（この場合は民間の金融純資産の増加となり、政府が国債を借り換え続ければマネーストックは減少しない）、

ということが分かります

10　部門収支

ここからは、ストック・フロー一貫アプローチから導かれる部門収支について理解しましょう。日銀が提供している「資金循環表」という統計を利用すれば、これが把握できます。本節では、日本の経済を「政府部門」、「民間部門」、「海外部門」の３つに分けます。政府部門は、一般政府（中央政府と地方政府等を合わせたもの）、中央銀行、公的企業を合わせたものです。民間部門は金融部門と非金融部門を合わせています。海外部門（外国部門）は、日本以外の全ての外国を合わせたものです。海外部門の立場からすれば、日本に対する貸付《かしつけ》や直接投資が、日本からの貸付や直接投資を下回っていれば、赤字です。海外にとっての赤字は、日本にとっての黒字です（いわゆる経常収支黒字と同じものです）。部門収支については、

政府部門収支＋民間部門収支＋海外部門収支＝０

という式が必ず成り立ちます。

図表3-28　日本の部門収支（1997-2019）　単位：兆円

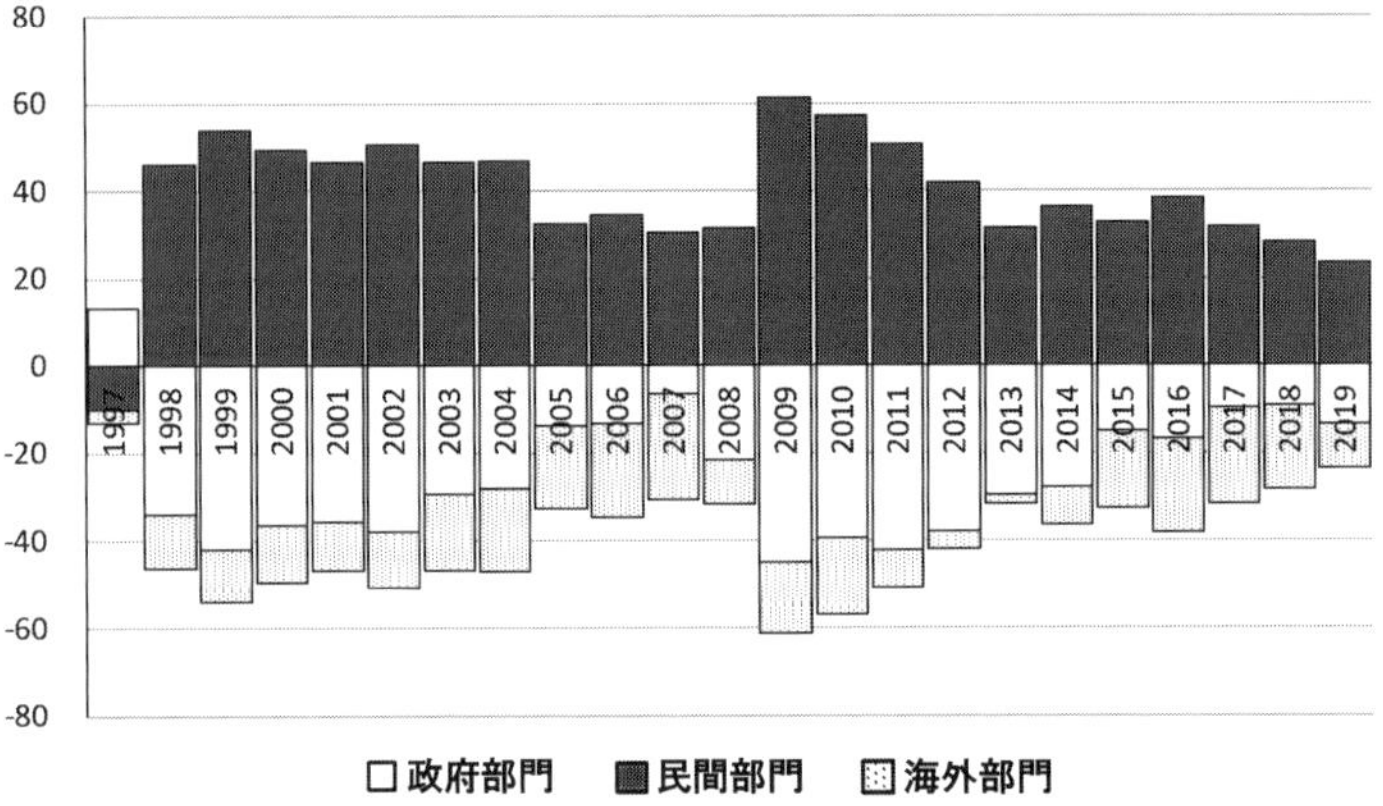

出典：日本銀行データベース「資金循環」より抽出（入手可能だった期間のみ）。
注：政府部門（中央銀行、一般政府、公的専属金融機関、公的非金融法人企業）、民間部門（預金取扱機関、証券投資信託、保険・年金基金、その他金融仲介機関、非仲介型金融機関、民間非金融法人企業、家計、対家計民間非営利団体）、海外、の３部門に分けている。

図表３－28は、１９９７年度以降の日本の部門収支を図示したものです。３部門を合計すればゼロなので、グラフの上半分（黒字側）と下半分（赤字側）は完全な対称になっています。日本では長年、政府の赤字と、海外の赤字が続いていますが、そのおかげで民間が黒字を出しています。しかし近年、政府の赤字が減ってくるのと同時に、民間の黒字も減少傾向にあることが分かります。

政府部門の収支がプラスになることは、必ずしも良いことではありません。第1に、政府の赤字が減ると、（海外の収支を一定とすれば）民間の黒字は必ず減少する

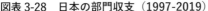

図表 3-29　米国の部門収支

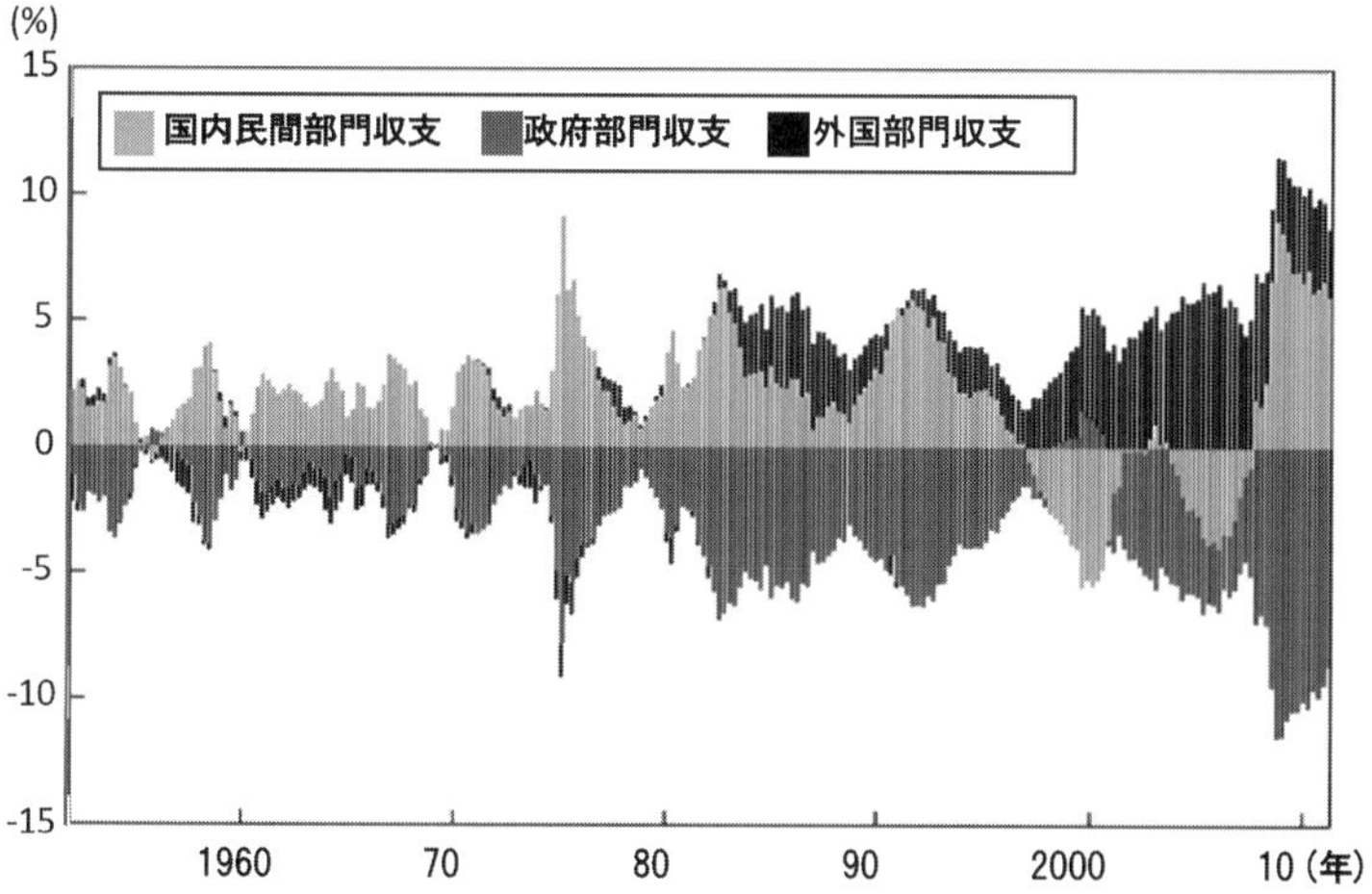

出典：レイ（2019）、p.96 より。筆者が若干の加筆を行った。
注：2000 年頃に政府部門が黒字になっているのが分かる。この時期以外に黒字はほとんどみられない。外国部門収支が黒字だということは、米国の経常収支が赤字だということである。

からです。第2は、あまり広く知られていない理由ですが、政府が黒字を出している時には、民間でバブルが発生している可能性が高いからです。例えば日本では、1980年代後半の住宅バブル景気のころ、政府の赤字国債の発行額はゼロでした。米国では、クリントン政権の時代に政府部門が黒字を出していたとき、民間部門では大きな赤字を出しており、それが後のITバブル崩壊につながったと指摘されています（図表3－29）。

バブルが起こっているときになぜ政府が黒字になりやすいのでしょうか。それはまず、民間が将来を楽観して、負債を増やして投資を行うため、景気がよくなり、企業の利益や人々の所得が増えて、税収が自動的に増えるためです。こうして政府は財政を「健全化」させるにつれてIOU（国債や貨幣）の発行量を減らし、民間はこれらを資産として蓄える機会が減り、政府に対する黒字が減り、ひどい場合には赤字になるのです。**政府の黒字、民間の赤字はバブルの注意報です**。財政収支の黒字を単純に喜んではいけません。

第４章　財政破綻論の９類型

１　財政破綻とは何か

財政破綻を唱える人たちは財政破綻という言葉を色々な意味で使い、多様な財政破綻論を展開しています。その結果、様々な混乱が生じています。

例えば小林《こばやし》慶一郎《けいいちろう》氏（慶應義塾大学教授）は編著書『財政破綻後』（小林編著、２０１８）の中で「日本の場合は（中略）デフォルト（債務不履行）は起きない。円建てで発行された日本国債は、日本銀行が買い支えようと思えばいくらでも買い支えることが出来るからである（４頁）」と述べた上で、「本書における財政破綻とは、さしあたり「緩やかな（２％程度以下の）インフレ率のもとで、正常な（４％程度以下の）名目金利を維持できない状態」を指すとしておきたい」と独自の定義を述べています。これが本当に、財政破綻の定義として適当なのかは疑問です。日本の景気がよかった１９９０年以前は、長期にわたって名目の国債金利は６％を超えていたのですから。

それはさておき、同じ本に収められている佐藤主光《さとうもとひろ》氏（一橋大学教授）と、小林庸平《こばやしようへい》氏（三菱ＵＦＪリサーチ＆コンサルティング株式会社主任研究員）、および小黒一正《おぐろかずまさ》氏（法政大学教授）の論文では、彼らは「ここで「破綻」とは、政府が資金繰りに窮する、具体的には債務の返済原資の調達・資金の借入が難しくなる状況を指す（58頁）」と、編著者の小林氏と異なる定義をしています。また、小林氏の言に反して「財政危機で国債のデフォルトが生じれば、銀行のバランスシートが毀損して金融危機に発展しかねない（94頁）」と、デフォルトが起きうるという認識と危機意識を示しています。

他には、大戦直後の日本で起こったような極端なインフレーションは実質的なデフォルトだとする考え（例えば明石 ２０１８、Kindle 位置 no.2459）や、あるいは年金に関して国民に負担を強いる制度変更がなされていることがデフォルト（国の約束違反）だとする考え（例えば永野 ２０１０、１２９頁）もあり、財政破綻の定義は多様で混乱しています。

ここでは、財政破綻や貨幣に関する用語について、本書で用いられる意味を明確にします。

まず、**国債のデフォルト（債務不履行）を、「狭義の財政破綻」とします**。そして、デフォルトが避けがたくなった状態のことを「財政破綻状態」と呼びます。一方で、「○○や▲▲は事実上のデフォルトだ」などと言って財政破綻の意味を拡大してゆくことは戒めます。

一般に債務のデフォルトとは、契約時の条件（満期日、金利、額面金額）どおりに債務が履行《りこう》されなくなることです。デフォルトの後で、貸し手と借り手がこの債務をどのように処理するかはケースバイケースで、両者の力関係にも依存します。債務者の立場が強い場合には「踏み倒し」もあり得ます。民法上は、債権者からの履行請求、損害賠償請求、強制執行が行われることがあります。現在では、命まで奪われたり、刑務所に入れられたりすることは（あまり）ありません。法人の場合には破産手続による清算や、会社更生ないしは民事再生（債権者等の利害を調整して事業を再建すること）が行われる場合があります。これを知れば、**デフォルトは「一巻の終わり」ではない**ことが分かります。

政府の債務の場合は事情がかなり異なりますが、似たようなことも行われます。対外債務の場合は、借り手政府の立場が弱く踏み倒しができない場合、リスケジューリング（債務繰り延べ）が行われる例が多く見られます（ラインハート&ロゴフ ２０１１、１６４頁）。国債の保有者のリスクを軽減すべく、保険に類似した金融商品（クレジット・デフォルト・スワップ、ＣＤＳ）を販売している金融機関は、デフォルトの定義として、支払不履行、リストラクチャリング、履行拒否／支払猶予という３つの「クレジットイベント」を採用しています（桜井 ２０１４）。なお、欧州経済危機のあとでしばしば用いられた「ヘアカット」という用語はデフォルトとほぼ同義で、債務帳消しや踏み倒しと言った意味で使われています（バルファキス 2019、45頁）。

デフォルトは恐ろしいことのようですが、必ずしもそうではありません。廣宮孝信《ひろみやたかのぶ》氏は「塞翁《さいおう》が馬」の故事を引きつつ、デフォルトを起こしたアルゼンチンやロシアなどの国々が、直後に急速な経済回復を達成した事実を示し、「政府の財政破綻（債務不履行）は、この世のおわりなどではなく、むしろ次なる飛躍のきっかけ」（となる場合が多い）と論じています（廣宮 2012、34頁）。

第1章3節で見たように、「このままでは、○○年には日本は財政破綻する」などという予言をしてきた人が大勢います。しかし、現時点でも財政破綻は起こっておらず、むしろ日本国債はマーケットから厚く信頼されており、国債金利はほぼゼロです。彼らの予言が外れるのは、前章で見たような通貨と財政の本質を理解していないためだと考えられます。

彼らはこうして、予言がたびたび外れてきたので「オオカミ少年」だと言われ、むしろ最近では自分たちの方から「オオカミ少年」に言及するようになっています。例えば、藤巻健史《ふじまきたけし》氏は「私はXデーに備えよと言い続け、「オオカミ少年」ならぬ「オオカミお爺《じい》さん」と言われている」と自分で言い（週刊朝日2019年12月3日）、小林慶一郎氏は「オオカミ少年と言われても毎年1冊は財政危機の本を出していくつもりです」と述べています（日本経済新聞2018年5月17日）。また、原真人《はらまさと》氏（朝日新聞編集委員）は「ジャーナリズムの役割は国民にリスクの警鐘を鳴らすことだ。危機を「予言」することではない。危機が起きないので、私は「オオカミ少年」のように批判されるが、あの寓話で最後にはオオカミが来たことを忘れないほうがいい」とツイートしました（Twitter @makotoha ２０２０年1月23日）。

イソップ寓話《ぐうわ》がまとめられた古代ギリシャには、まだオオカミが棲息《せいそく》していたでしょうから、「オオカミが来る可能性があるからヒツジを守れ」ということは虚偽《きょぎ》ではありません。しかし、日本では不換紙幣が用いられており、１９７１年から変動相場制に移行した結果、「オオカミが絶滅」してしまっています。前章で見たように、政府支出によっておカネが生まれ、徴税によっておカネが回収され、回収し切れなかったおカネが「財政赤字」や「国債」の形をとるだけなのですから、「国の借金で政府が破綻する」ことはありえません。固定相場制を取っている政府の場合なら、経済危機が起こって自国通貨の価値が下がりそうになると、ヘッジファンドなどによって通貨売りアタックを仕掛けられることがあります。通貨を売り浴びせた時、その政府が固定相場を維持するために必ず高い値段で買ってくれるので、確実に儲けることができるからです。政府はといえば、自国通貨を買い支えた結果、財政状況の悪化に見舞われることになります。それに対して変動相場制を取っている政府の場合には、自国通貨の価値をことさら守る必要もないのですから、おカネを創って負債を返済できます。ランダル・レイが言うように「デフォルトを強いられることはあり得ない」のです（レイ ２０１９、２５９頁）。「オオカミが来る可能性があるから今すぐヒツジを屠《ほふ》れ」といわんばかりの緊縮財政論は問題です。

次節では広義の財政破綻論を、九つの類型に分類して説明します。さらに以降の章でこれらに反駁を加えてゆきます。

2　財政破綻論の9類型

財政破綻論には、さまざまな種類のものがあります。ここでは、多様な財政破綻論を大きく九つの類型にまとめてみます。

(1) 国債の債務不履行(デフォルト)の懸念

日本では財政赤字が累積し、政府の負債が1000兆円を越えていることは事実です。このままゆけば、国債の金利負担が重くなったり、借り換えに応じてくれる金融機関がいなくなったりして、約束通りに国債が償還(返済)できなくなるかもしれないという懸念が唱えられます。この懸念については、第5章1節で、全くの杞憂に過ぎないことを明らかにします。

(2) ギリシャの財政破綻と同様のことが日本でも起こるとする懸念

ギリシャでは2010年に、経済統計の粉飾決算が暴露《ばくろ》されたことによって、財政危機が表面化しました。その結果、国債が暴落して金利が急上昇しました。実際のところ、ギリシャの産業の競争力は弱く、国債残高は経済規模と比べても非常に大きいものでした。ギリシャ政府は公然とデフォルトすることはできず、むしろ債権団(トロイカすなわち欧州連合EU、欧州中央銀行E

ＣＢ、国債通貨基金ＩＭＦの三者）から「救済融資」を受けて、ドイツやフランスの銀行からの借金をまず返済し、緊縮財政によって税収を増やして返済することを強いられました。やがてある段階で、人々が政府に対して保有する債権（国債や年金請求権）は大幅にヘアカット（踏み倒し）されました。それ以後の経済状況は悲惨なものとなりました（バルファキス２０１９）。このギリシャ危機をきっかけに、日本でも同様の事態が起こるという懸念が高まりました。ギリシャを「対岸の火事ではない」と認識した首相らによって、後の消費税増税への道が付けられたのです。

この懸念については、第５章４節で、ギリシャと日本の間の大きな違いを説明します。

（３）政府の負債の残高の大きさに関する懸念

「国の借金１０００兆円突破　国民１人あたり７９２万円」（日本経済新聞２０１３年８月10日）といった新聞記事やニュースは枚挙にいとまがありません。最近では政府の負債は１１００兆円を越えています。国際的な比較の目安として、しばしば用いられるのは、政府の負債残高の対名目ＧＤＰ比です。日本の負債残高対ＧＤＰ比は２０１３年には2・3倍を超え、世界的にみてダントツに高い水準になっています。このような数字は財務省が毎年発行する『日本の財政関係資料』という資料に記されています（例えば、財務省２０１９ｂ、６頁）。

このような懸念が無用であることは、第３章を読まれた読者は理解されたと思いますが、第５章５節で、さらに説明を加えます。

(4) 国債対GDP比率が一定比率を超えると経済成長率が下がるという懸念

ラインハート氏とロゴフ氏という、経済危機の研究で世界的に有名な経済学者が、2010年に発表した論文の中で、統計分析の結果、政府の負債残高対GDP比が90%を越えると、経済成長率が大幅に低下すると示唆しました。2010年というタイミングで出された彼らの研究は、欧米の財政緊縮派に「科学的根拠」を与えることとなり、各国の政策に大きな影響を及ぼしました。

この2人の論文は、第5章6節で述べるように、結論自体に特に根拠がないだけでなく、計算ミスも明らかにされて、大きなスキャンダルに発展しました。

(5) 国債を国内の金融資産で支えきれなくなると財政破綻するという説

国債は民間の金融資産(つまり民間の貯蓄)で支えられている、と考えている経済学者がたくさんいます。例えば佐藤主光氏・小林庸平氏・小黒一正氏は「財政破綻の一つの契機は国債を国内の金融資産で支えきれなくなったときだ」と言っています(小林編著 2018、86頁)。小黒一正氏はこの考えのもと、2010年に『2020年、日本が破綻する日』と題した著書を出していました(小黒 2010)。

また、必ずしも「財政破綻状態」とは関係ありませんが、政府の債務が増えると、民間の貯蓄のうち民間企業が借りることができる金額が減り、金利が上がって民間投資が抑制されるという考え方は「クラウディングアウト(押しのけ)」と言って、経済学者の間では長年の「常識」となっています。

しかし、２０２０年現在も、政府の負債が積み上がる中で、日本国債の信用は極めて高いままです。これは「日本国債のパラドクス」などと呼ばれますが、本書ではこれがパラドクスでもなんでもないことを、次章5節で明らかにします。

（6）デフレ脱却に伴う政府の財政破綻懸念（国債借換え金利の急上昇による）

現在の日本の財政政策・金融政策はいちおう、デフレ脱却のために行われています。しかし不思議なことに、デフレ脱却・景気回復こそが、あらたな財政危機の引き金になるという人たちがいます。それは、物価上昇率や経済成長率が回復すると、金利が急上昇し、国債を借り換える際の金利が上がり、金利を支払うための財政負担が高くなって、政府が財政破綻に追い込まれるというものです。これについては、第6章で反駁します。

（7）デフレ脱却に伴う日銀の破綻懸念（国債評価損によるもの、準備付利によるもの）

デフレ脱却・景気回復による金利の上昇は、日本銀行の破綻を引き起こす、という論者もいます。日銀も銀行業を営む企業の形をとっていますので、債務超過になると破綻状態になる、と彼らは考えています。その理由として、日銀が資産として保有している莫大な国債の時価が、金利の上昇によって大幅に下落するからだ、ということが言われていました。実は、第6章1節で説明するように、国債の価格が下がることと金利が上がることとは、まさに表裏一体の関係にあるので、これは理屈としては間違っていません。しかし、国債は満期まで保有される債券ということで、日銀は帳簿に額面額を記載する慣行になっているので、時価が下がっても直ちに損失は現れません。これは「含み損」となりますが、満期までに大量に売らなければ、金利と額面額が予定どおり得られるので問題ありません。そこで現在ではむしろ、金利が上がると、民間銀行が日銀に預けている「準備預金」に付ける利子（準備付利）を引き上げないといけなくなるので、その利子の負担によって、日銀が債務超過に陥る、という議論がなされています。

これについても、第6章で反駁します。

（8）民間銀行等民間経済主体の破綻懸念（デフレ脱却によるもの、デフレ続きによるもの）

これは財政破綻の話ではないのですが、デフレ脱却によって金利が上昇し、民間銀行などが資産として保有している国債の時価が下落し、含み損が生じて、民間銀行などの破綻が懸念されるという人もいます。中には、デフレを脱却しても破綻、脱却しなくても破綻、というような意味のことを言った人たちもいました。ちなみにそれは、とても権威のある経済学者たちです。

これについても、第6章で反駁します。

（9）ハイパーインフレーションの懸念および通貨価値暴落の懸念

１９２２年～２３年のドイツや、第２次大戦直後の日本、２０００年代のジンバブエ、２０１６年以降のジンバブエで極端な物価上昇（いわゆるハイパーインフレ）が実際に起こったことから、現代の日本でも、政府の負債がさらに累積したり、これを中央銀行が買い上げたりする政策を行うと、ハイパーインフレが起こると論じる人々がいます（彼らをハイパーインフレ論者と呼びます）。彼らは、極端なインフレーションは一種の財政破綻だととらえます。また、いったんハイパーインフレが起これば、これを簡単に止める方法はないと主張します。

この考えが間違いであることは、第７章で論証します。

第5章　通貨発行権をもち変動相場制をとる政府は財政破綻しない

本章では、国債の残高や対GDP比率が大きくなることによって財政破綻（デフォルト）を迫られる、という懸念について検討してゆきます。第4章で整理した9種類の財政破綻論のうち、以下の（1）～（5）をこの章で扱います。

（1）国債の債務不履行（デフォルト）の懸念
（2）ギリシャの財政破綻と同様のことが日本でも起こるとする懸念
（3）政府の負債の残高の大きさに関する懸念
（4）国債対GDP比率が一定比率を超えると経済成長率が下がるという懸念
（5）国債を国内の金融資産で支えきれなくなると財政破綻するという説

これら（1）～（5）の財政破綻論のそれぞれについて、代表的な論者の文章を引用しつつ、検討します。これらは、第3章で解説した、現代の貨幣の本質と貨幣発行の仕組みが理解できていれば、一括して反駁できるでしょう。なぜなら、本章で明らかにするように**自国通貨発行権を持ち変動相場制をとっている日本政府が財政破綻（デフォルト）に追い込まれることはない**からです。

1　財政破綻論（1）　日本国債の債務不履行（デフォルト）に陥る？

弁護士の明石《あかし》順平《じゅんぺい》氏は、日本の財政危機を警告する著書（新書版）が広く読まれ、野党の政治家にも信頼されている方です。彼が2019年春に出した本の中から、デフォルトの懸念に関する箇所を引用します。

「〔太郎君〕もし借換債を買ってもらえなくて、うまく借り換えができなかったら一体どうなるの？〔モノシリン〕オシマイ。〔太郎君〕「オシマイ」って……ふざけないでまじめに答えてよ。〔モノシリン〕借り換えができなければ、約束した日にお金を返せないことになる。これをデフォルト（債務不履行）という。債務不履行なんてやったら、それ以降国債を買ってもらえなくなる。そうすると国の資金繰りがストップして、公務員の給料が払えなかったり、年金が支給されなかったり、病院で治療を受けられなかったりといった事態が生じるだろうね」（明石２０１９、Kindle版 位置 no. 304）

懸念がとてもよく伝わってくる文章です。しかしまず、第4章1節で廣宮孝信氏の見解を紹介したように、デフォルトは必ずしも「オシマイ」ではなく、むしろ経済・社会の復活のチャンスになり得ます。また、そもそも、日本の政府が発行している国債がデフォルトすることはありえません。**財務省のホームページ上でも、「日・米など先進国の自国通貨建て国債のデフォルトは考えられない」と明確に記されています**（財務省「外国格付け会社意見書要旨」２００2年4月30日付）。これは当時、日本の財政赤字が積み上がる中で、外国の格付け会社が日本国債の格付けを引き下げた時に、それに反論したものです。それから現在まで、日本の国債は極めて低い金利で発行され続けています。

借り換えが滞《とどこお》るということもありません。本書の第3章で、貨幣と財政の仕組みを学んだ読者には、もはや追加の説明は不要でしょう。**自国通貨を発行できる政府は、自国通貨で支払う債務を、履行できないわけがないのです。**

まず、政府紙幣を発行している政府の場合は、仮に国債なるものを発行していたとしても、満期が来たら紙幣を作って渡すだけです。そしてまた、政府と中央銀行が分離している場合も、それらが協調することによって、全く同じように自国通貨の発行によって国債を償還することができます。実際のところ、国債は中央銀行が買い上げて、満期が来ると国債と政府預金とを相殺して、おカネと国債を消しています。政府預金が足りなければ、中央銀行が新たな国債を引き受けて政府預金を貸し付けて、それを使って満期が来た古い国債を消滅させることも可能です（第3章8節、日銀乗換）。

　日本が財政破綻しないという論拠として、日本が貿易黒字国だからとか、政府が十分な資産を持っているからだとか言われることがありますが、ここでは、そういう理由が重要なわけではありません。**日本政府（財務省と日銀）に貨幣発行権があることと、徴税権があること、そして政府が貨幣価値や物価を管理する政策をきちんと実施することが重要なのです**。

　これで財政破綻論（1）に対する反駁は終わりなのですが、明石氏が言及している借換債《かりかえさい》についても検討を加えておきましょう。日本政府には十分な徴税能力がありますが、それでも国債の大部分は、税金を取って返すわけではありません。新たな国債を発行して借り換えて、国債残高を維持するのが普通です。これは世界のどの国も普通にやっていることです。日本では、それぞれの国債が、発行されてから60年で完全に償還できるよう、一般会計で金利と元本の返済額を「歳出」に計上しています。しかし、この手のルールを採用している国は他にありません（会田 2015）。英国や米国などは、金利支払い分だけを予算に計上するのです。元本の返済額を、どうせ借換債で調達して、国債残高を維持するのなら、それを毎年度の予算に計上する意味はありませんし、むしろ、予算上は「見た目の財政赤字」の水増しになっています。60年償還ルールは廃止すべきです（ひとびとの経済政策研究会２０２０）。

借り換えが行われるのは決して、「借金の返済を先送りしている」のではありません。政府が負債残高を維持しないと、世の中の貨幣残高が維持できないためです（第３章９節参照）。明石氏は国債を完済すべきものと信じていて、日本独自の「60年償還ルール」でさえ先送りだと言って批判していますが、これは全くの誤りです。

２　国債が増税によって償還されると貨幣が消滅するという事実

政府が「借金」を返すことは、よいことだと広く信じられています。しかし、**増税によって国債が償還されると貨幣が消滅する**という事実は、広く知られていないと思われます。この点は、第３章７節で「ひとつの練習問題として提起」したのですが、図表５－１がその答えです。確認しましょう。

①政府が人々に５兆円の租税債務を負わせます（ちなみに、租税債務・租税債権は純資産の変化を伴います、↓第３章７節）。②人々が銀行預金を使って政府に納税し、民間銀行、中央銀行がそれを仲介します。③政府は、政府預金を使って、民間銀行が保有している国債を償還します。

図表 5-1　国債が増税によって償還されると貨幣が消える、その 1

単位：兆円

政府

資産		負債・純資産	
①租税債権	+5	①純資産	+5
②租税債権	−5		
②政府預金	+5		
③政府預金	−5	③国債	−5

中央銀行

資産		負債・純資産	
		②準備預金	−5
		②政府預金	+5
		③政府預金	−5
		③準備預金	+5

民間銀行

資産		負債・純資産	
②準備預金	−5	②銀行預金	−5
③国債	−5		
③準備預金	+5		

民間非金融（人々・企業）

資産		負債・純資産	
		①租税債務	+5
		①純資産	−5
②銀行預金	−5	②租税債務	−5

出典：筆者作成

注：①政府が租税債務を賦課、②人々が銀行預金で政府に納税、③政府が国債を償還。

図表 5-2　国債が増税によって償還されると貨幣が消える、その２（最終結果）

単位：兆円

政府

資産	負債・純資産
	国債　-5
	純資産　+5

中央銀行

資産	負債・純資産

民間銀行

資産	負債・純資産
国債　-5	銀行預金　-5

民間非金融（人々・企業）

資産	負債・純資産
銀行預金　-5	純資産　-5

出典：筆者作成

中央銀行の口座で政府預金と準備預金が振り替えられます。民間銀行は、国債を失って準備預金を得ます。

その結果をまとめたものが図表５－２です。政府のバランスシートでは、①で設定した租税債権は②で消滅していますので、最終的に国債という負債が減り、残余変数として純資産が増えています。逆に民間非金融では、①で設定された租税債務は②で消滅し、銀行預金が減った分だけ純資産が減少しています。中央銀行は変化がありません。民間銀行では、国債と銀行預金が減ります。こうして、世の中で使われる銀行預金というお金が減ってしまうのです。

3　通貨発行権を有するいくつかの政府がデフォルトした理由

通貨発行権がある政府でもアルゼンチンなど、デフォルトした事例がたくさんあるではないか、という指摘もあります。この点について廣宮孝信《ひろみやたかのぶ》氏は、ラインハート氏とロゴフ氏という世界的な経済危機研究の権威がまとめた歴史的データベースに基づき、１９７０年以降のデフォルトの事例（42例）を全て調べた結果、現代の自国通貨建て国債が破綻するのは、以下の３つの理由に該当する場合に限られることを指摘しました（廣宮　２０１２、２５５頁）。

（１）　紛争などの混乱が起こっていたこと（25例）
（２）　国債が外国通貨建てであること（13例）
（３）　高インフレーションを防ぐために政府が意図的にデフォルトしたこと（４例）

これらが日本に当てはまらないことは明白です。また、この42の事例は全て、金・ドル本位制が崩壊して世界が変動相場制に移行した後の事例だということにご留意ください。

最近では、財政破綻を唱える人たちの間にも、デフォルトは起こりえないという認識が広まっているようです。第４章１節（１０１頁）では、小林慶一郎氏の言葉を紹介しましたが、本章で紹介した明石順平氏自身も、２０１９年12月28日付けのご自身のツイッターで「「自国通貨建国債はデフォルトしない」なんて、当たり前なのである。究極的には「インフレ税」でデフォルトを避けることができてしまうのだから（後略）」という発信をしておられました。インフレについては、第7章で検討します。

4　財政破綻論（2）　ギリシャは対岸の火事ではない？

ギリシャはもともと、決して製造業の強い国ではありませんでしたが、２００７～２００８年のアメリカ発金融危機（リーマンショック）は何とか持ちこたえました。しかし、２００９年に登場した社会民主党政権が、それまでの政権が財政赤字の統計を改竄《かいざん》していたことを暴露した結果、政府の累積債務に対する懸念が表面化し、国債の価値が暴落して金利が急上昇しました。この事件が各国の政治家に与えた影響は大きく、日本の政治家も例外ではありません。菅直人《かんなおと》元首相（在任２００９－11年）は「財政を考えれば、どこかの時点で消費税の増税は必要と考えていました。とくに急ぐ必要があると強く意識しはじめたのは、ギリシャ危機が起きてからです」（伊藤裕香子　２０１３、37頁）と回顧しており、野田佳彦《のだよしひこ》元首相（在任２０１１－12年）は国会において「欧州の危機は広がりを見せており、決して対岸の火事とは言い切れません。今日生まれた子供一人の背中には、既に七百万円を超える借金があります。現役世代がこのまま減り続ければ、一人当たりの負担は増えていくばかりであり、際限のない先送りを続けられる状況にはありません」と語りました（第179回国会、参議院本会議、第3号、平成23年10月28日）。こうした危機感から、彼らは強い意志をもって当時の野党（自民党など）と「社会保障と税の一体改革」の方針をまとめ、消費税増税に道を付けたのです。

しかし、ギリシャと日本の状況は全く違いました。まず、ユーロ圏に加盟したギリシャは、通貨発行権を失いました。つまり、**ギリシャ政府が発行する国債はすべて、事実上の外貨建て国債**なのです。また、ギリシャは競争力の強い産業が少なく、長年にわたって貿易赤字が続いています。これは何を意味するでしょうか。第3章9節「部門収支」で見たように、

政府部門収支＋民間部門収支＋外国部門収支＝0

の関係が常に成り立つのでした。つまりギリシャの貿易赤字は、外国部門から見れば黒字です。従って政府部門と民間部門を合わせた収支は必ず赤字になります。貿易赤字を出すということは、自動的に外国から借金をすることになります。

しかもユーロという、ドイツなどとの共通通貨を採用したことで、通貨を切り下げて自国の生産物を割安にして、産業競争力を回復させることができなくなりました。一般に、通貨が強くなることは良いことだと信じる人も多いようですが、通貨高で自国産品が割高になり、外国製品が割安になることは、自国の産業や雇用にとっては不利に働きます。また、ユーロ圏に加盟したこ

図表 5-3　ギリシャとアイルランドの１人あたり実質 GDP

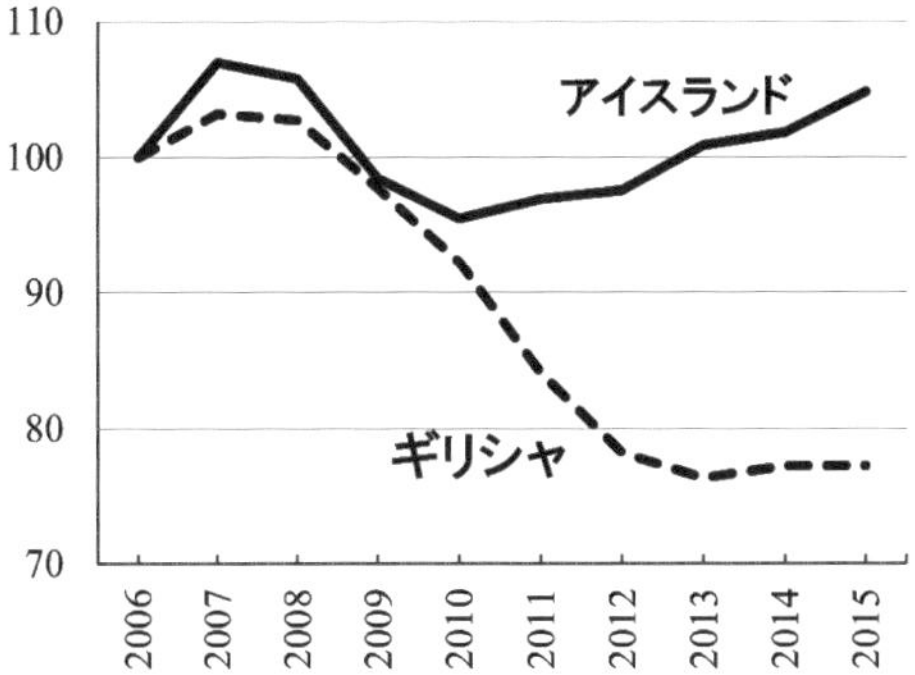

出典：Eurostat 統計より筆者作成
注：2006 年を 100 とする指数。

とで、フランスやドイツの銀行が為替レートの変動リスクを気にせずギリシャに多額の融資をしたことで、貿易赤字と対外債務の悪循環が加速しました。経済危機前のギリシャは、多額の外貨建て債務を積み上げることになっていたのです。

日本は全く違います。自国通貨の発行権を持ち、変動為替相場制度を採用しており、ついでに貿易黒字国で、巨額の対外資産を保有しています。

　固定相場制とは逆に、変動相場制の利点を示す例として、アイスランドの話をしましょう。アイスランドは民間銀行がGDPの数倍という巨額の負債（高金利の外貨建て預金）を負っていて、リーマンショックの際に破《は》綻《たん》し、経済危機が起こりました。しかし、アイスランドはユーロに加盟しておらず、自国の通貨を持っていました。自国通貨クローナの価値は、いったん暴落した後に下げ止まりました。自国通貨を持っていたおかげで、積極的な社会保障政策をとることもできました（スタックラー＆バス　２０１４、第4章）。その結果として需要が回復し、漁業や観光業の輸出競争力も回復して、インフレを起こすことなくアイスランド経済は回復に向かいました（図表５－３）。

ギリシャはといえば、２０１０年の「救済融資」の条件として緊縮財政をとることが義務づけられたせいで、ＧＤＰはピーク時から３割近くも低下し、失業率は27％を超え、経済停滞が続きました。そのせいで政治的にも混乱が生じ「黄金の夜明け」というナチス系の政党が台頭しました（バルファキス　２０１９、83頁）。医療費がカットされ、人々の健康状態も著しく悪化したのです（スタックラー＆バス　２０１４、第5章）。日本がギリシャから学ぶべきなのは、むしろ緊縮財政をとると経済の停滞が続き、人々の命や健康が脅かされるという教訓でしょう。

5　財政破綻論（3）　国債残高や名目GDP比率に関する警告

国債残高が大きくなりすぎて、将来世代に対する負担や財政破綻の懸念が生じるという話は、各界の論者や新聞各社が定期的に広めています。残高（兆円）を問題にするものと、名目ＧＤＰに対する比率（２００％を超えた）に注意を喚起するものがありますが、基本的には同じことです。

こうした話の元になっているのは財務省です。財務省は国民向けの明快な『日本の財政関係資

図表5-4　日本近代史上の国債残高（円、縦軸は対数表示）

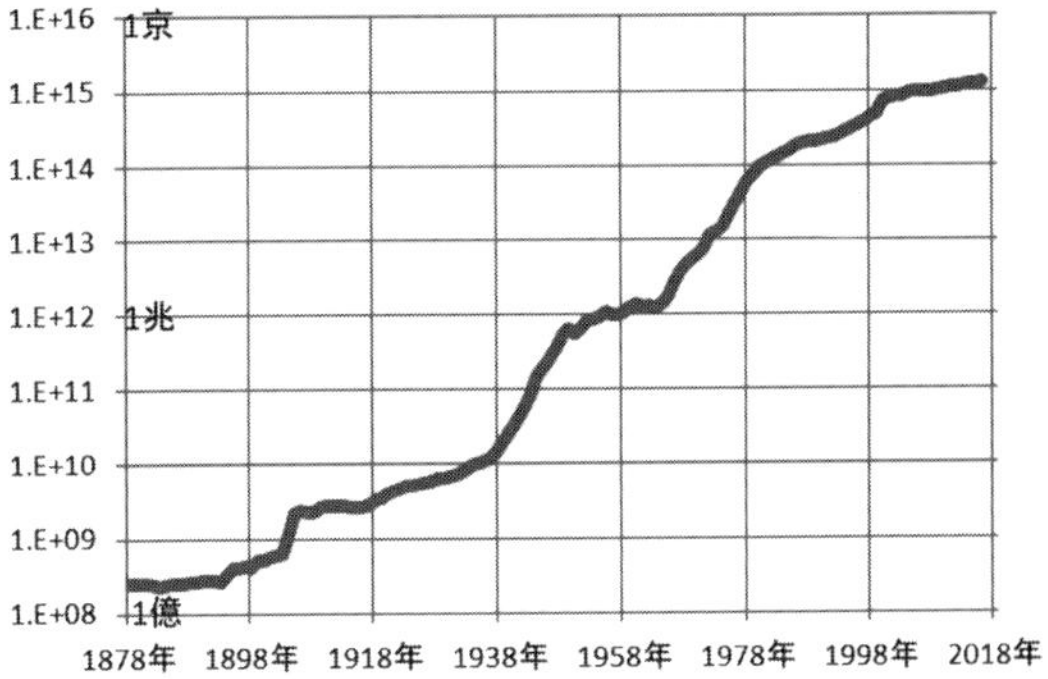

出典：シェイブテイル（2019）、Kindle 位置 no.563。データは総務省統計局による。

料』という資料を毎年発表していて、その中に必ず次のようなことを記しています。「平成30年度末の普通国債残高は８８３兆円に上ると見込まれていますが、これは税収約15年分に相当し、将来世代に大きな負担を残すことになります。国民１人当たり約７００万円、４人家族で約２７９８万円※《ママ》　勤労者世帯の平均年間可処分所得　約５２１万円（平均世帯人員３・３５人）」（財務省　２０１８、５頁）。このような情報を元に、新聞社の論説委員たちが記事を書くのですが、中でも影響力があるのが朝日新聞論説委員の原真《はらまさ》人《と》氏です。「国と地方をあわせた借金は約１１００兆円。国内総生産の２３０％という借金依存度は先進国で最悪である。これは預金封鎖やハイパーインフレがあった第２次大戦に敗戦した時の数字にも匹敵する」（朝日新聞朝刊、２０１９年7月9日）といった具合です。

もちろん彼は、消費税の増税は不可欠だという立場です。

歴史を振り返ってみますと、国債残高が大きくなりすぎているというのは、昔から言われてきたことです。明治以来、政府の負債の名目残高は、増加を続けるのが当然なのですから（図表5－4）。それでも、ある一定の金額を超えると責任感の強い人たちは不安を覚えるらしく、昭和初期の浜口雄幸《はまぐちおさち》内閣は「1人あたり90円の借金」を過大だとして緊縮財政を断行し、昭和恐慌を引き起こしました（シェイブテイル 2012）。1982年には国債残高が96兆円となったことで、鈴木善幸《すずきぜんこう》首相が「財政非常事態宣言」を出しました（第1章3節）。さらに、2001年に出版された『国債暴落』という本では、2000年3月末時点の「国債残高が370兆円」が問題とされていました（高田・住友 2001、iii頁）。この金額は、現在の3分の1にすぎません。

2003年になると、東京大学や慶應義塾大学の錚々《そうそう》たる経済学者たち8人が、「経済学者グループ緊急提言」と題して、財政危機の予言を発しました。いわく、「政府部門の債務・GDP比率はすでに140％に達している。毎年7％の赤字を出し続ければ、あと8年以内に債務・GDP比率は200％に達する。この水準は、国家財政の事実上の破綻を意味すると言っていい」（日本経済新聞「経済教室」、2003年3月19日）。8人がどれほどすごい布陣だったのかを伝えるために、お名前をご紹介しますと、提言グループ代表は伊藤隆敏《いとうたかとし》氏と吉川洋《よしかわひろし》氏（いずれも東京大学教授）で、メンバーは伊藤元重《いとうもとしげ》氏（東京大学）、奥野正寛《おくのまさひろ》氏（東京大学）、西村清彦《にしむらきよひこ》氏（東京大学）、八田達夫《はったたつお》氏（東京大学）、樋口美雄《ひぐちよしお》氏（慶應義塾大学）、深尾光洋《ふかおこうよう》氏（慶應義塾大学）、八代尚宏《やつしろなおひろ》氏（日本経済研究センター）です。どの先生方からも、筆者たちは著作を通じて沢山《たくさん》のことを学びました。問題は、すでに政府の債務対ＧＤＰ比率は２３０％を超えており、２００％を超えると「事実上の破綻だ」という予言が外れたことです。

予言が外れた理由を、すでに読者の皆さんは知っています。通貨発行権があればデフォルト（狭義の財政破綻）はあり得ないのです。

財務省はホームページ上で「デフォルトは考えられない」と示す一方で、『日本の財政関係資料』では必ず、次のようなコラムを掲載していました。「コラム．我が国財政を家計にたとえたら　我が国の一般会計を手取り月収30万円の家計にたとえると、毎月給料収入を上回る38万円の生活費を支出し、過去の借金の利息支払い分を含めて毎月17万円の新しい借金をしている状況です。家計の抜本的な見直しをしなければ、子供に莫大な借金を残し、いつかは破産してしまうほど危険な状況です」（財務省２０１８、３頁）。

しかし、これは政府の財政を正しく例《たと》えていません。正しく家計に例えるならば、「このご家庭の夫婦は、一見するとごく普通の夫婦のようでした。しかし、ただ一つ違っていたのは、奥様は魔女（無からマネタリーベースを発行できる日本銀行）、ダーリンは王様（徴税権と国債発行権をもつ財務省）だったのです」と付け加えるべきでしょう。

貨幣は財政支出によって生成し、徴税によって消滅しますが、財政赤字分だけ世の中に貨幣が

図表 5-5　国債発行残高と金利の関係

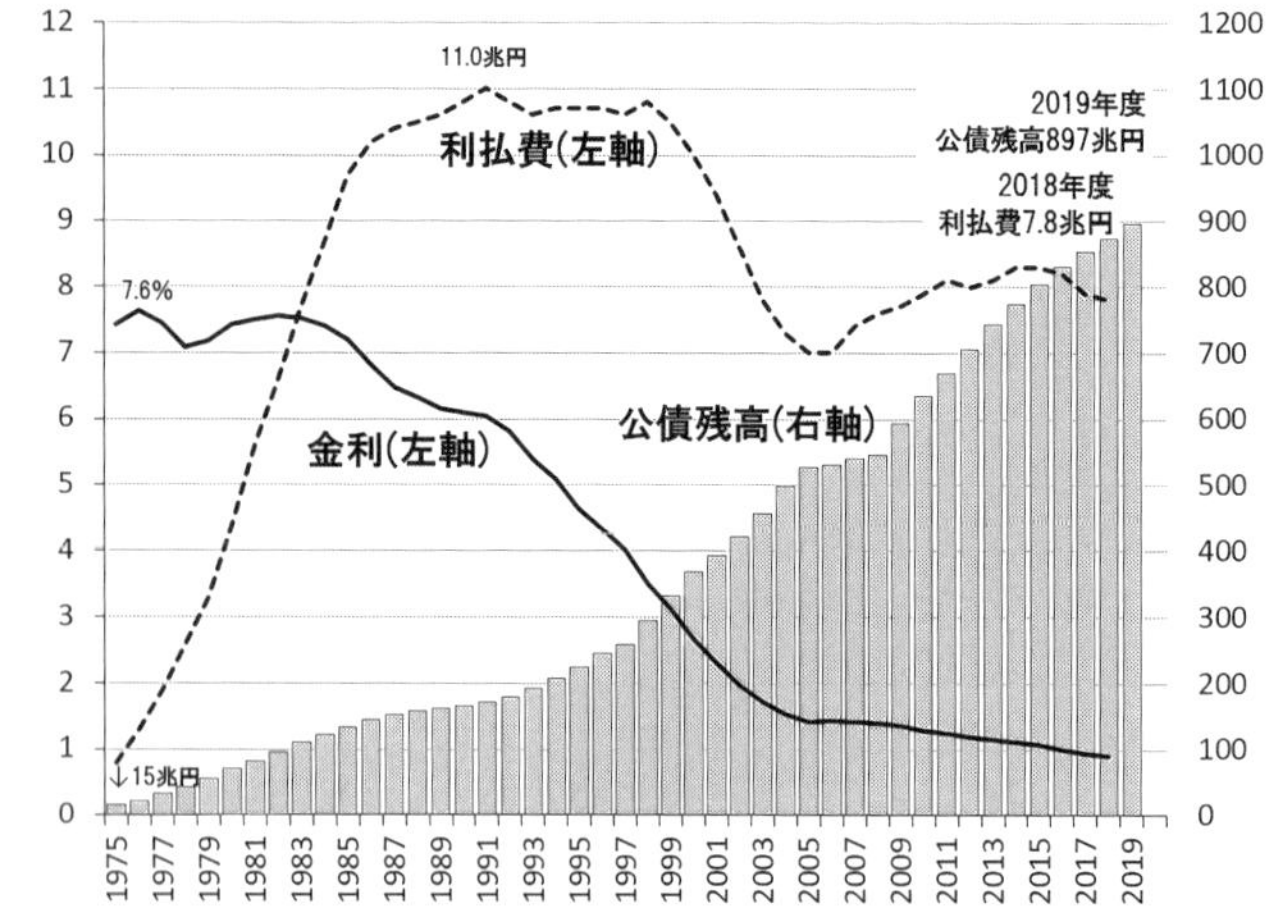

出典：財務省『日本の財政関係資料』令和元年 10 月、p.17 より作成

残るのです（ここでいう「世の中」は、国内政府と対になる概念で、実際には民間部門と海外部門が含まれます）。民間銀行からみれば、日銀に預けた「普通預金」が準備預金であり、それが「定期預金」の形に変わったのが国債です。それ以上のものではありません。物価安定目標の水準を超えるインフレーションが起こらない限り、徴税によって貨幣を消滅させる必要はありません。

　国債発行が増えると、世の中の資金が不足して金利が上がるというふうに、教科書的な経済学では説明されています。しかし実際に起こったことは、国債残高が増えれば増えるほど、金利は下がってきたのです（図表5－5、そうなる理由については134頁を参照）。

財政タカ派、ハト派という言葉があります。財政赤字を許さない緊縮志向の論者を「財政タカ派」といい、不況時には財政赤字を容認して中・長期的に財政黒字を回復すればよいとする論者を「財政ハト派」と言います。しかし私たちは本書をとおして読んでいただければわかるように、経済が成長し、インフレーションが管理されている限り、財政赤字はいくらあっても問題ないという立場です。これを財政フクロウ派と言います（井上　２０１９、76頁）。私たちは、図表５－４で政府負債が数千万倍に増えても、べつだん問題が起きていないことを確認していますから、政府の負債残高が長期的に２０００兆円になろうが３０００兆円になろうが、それ自体には問題がないと判断しています。

６　財政破綻論（４）　国債対ＧＤＰ比率が90％を超えると経済成長率が下がる？

小林慶一郎氏の文章の中で、筆者が最も奇妙だと感じた一節は、次の箇所でした。

ハーバード大学のカーメン・ラインハート教授とケネス・ロゴフ教授たちのグループは、政府債務残高が大きくなると経済成長に悪影響を与えるようになるということをデータから実証した。彼らは政府債務が経済成長に悪影響を与える現象をパブリック・デット・オーバーハング（公的債務過剰）と名付けている。（中略）彼らの推計では、政府債務比率（政府債務のＧＤＰに対する比率）が小さい時はＧＤＰの成長に政府債務比率は影響しないが、政府債務比率が90％を越えるとＧＤＰ成長率が１％程度下がるという関係が見られた。このような非線形の関係から、債務増が原因で、成長率の減少が結果である、とロゴフらは論じている。（中略）以上のことから、理論的にも実証的にも、政府債務の累増が経済成長の低迷の少なくとも一つの大きな原因となっていることが示唆される（小林編著　２０１８、２６４頁）。

何が奇妙かというと、両者の論文はすでに、２０１３年に誤りであることが判明し、世界的に有名なスキャンダルとなっていたためです。この事件をスルーして、小林氏が２０１８年という時点で無批判に、この研究を自説の根拠に引用していたことは衝撃的なことです。ラインハート氏とロゴフ氏は、本書でもすでに登場していますが、ともにハーバード大学の教授で、経済危機に関する研究の分野で国際的な権威とされている学者たちです。彼らは自ら収集・整理した膨大な歴史的データを分析し、リーマンショックから2年後、欧州が経済危機に揺れる２０１０年という時期に、ここで小林氏が要約したような論文を発表したのです（Reinhart and Rogoff 2010）。これは、ドイツのショイブレ財相をはじめとする欧米諸国の財政タカ派たちに、経済危機や不況のさなかであっても財政健全化（緊縮策）を進めるべきだという「科学的根拠」として使われ、経済にも政治にも大きな影響を及ぼしました。

しかしこの論文の分析は上述のとおり誤りで、筆者たちも誤りを認めていた事実が、すでに世界的に知られています（安達　２０１９、１１８〜１２３頁）。誤りを指摘したのはトーマス・ハーンドンさん（当時、マサチューセッツ大学アマースト校の大学院生）で、２０１３年４月のことでした。彼らが指摘したのは以下の点でした。

（１）対ＧＤＰ比で90％を超える国家群のデータは96年分しか反映されていなかった。除外された14年分のデータは、主に１９４０年代のオーストラリア、カナダ、ニュージーランドであったが、これらの国は当時、大幅な政府債務残高がある中、高成長を実現させていた。

（２）データ加工に問題があると考えられる。例えば、19年以上にわたってＧＤＰ比90％以上の政府債務を有しながら平均で実質２・６％の経済成長を実現させていたイギリスと、１年間だけＧＤＰ比90％以上の政府債務で実質経済成長率がマイナス７・６％であったカナダのウェイトが同じになっている。

（３）前述の推計に際して、26年間以上にわたって政府債務比率が90％以上でありながら、平均して実質＋２・６％の成長を実現させていたベルギーのデータを欠落させたまま定量分析が行われていた。

（４）この（１）から（３）までの問題点を修正した上で再推計してみると、政府債務の対ＧＤＰ比率が90％以上であった国の平均の実質経済成長率は＋２・２％となった。

（5）なお、2000年から2009年までの時期のデータで同様の実証分析を行うと、政府債務の対GDP比率が90％以上の国のほうが、同比率が30～60％の国よりも平均の実質成長率が高いことがわかった。

この指摘に両著者は誤りを認めた上で、それでも主なメッセージの内容（政府債務が多い国ほど経済成長率が低い）は損なわれていない、との主張を続けましたが、それはさすがに無理があるでしょう。これは欧米のメディアで大問題となり、「国際ビジネスタイムズ」という雑誌では2013年の科学スキャンダルの第7位とされました。

なお、小林氏の引用文の中では「債務増が原因で、成長率の減少が結果である」とされていますが、現在では、因果関係は逆（成長率の減少→債務増）だと考える方が妥当です。

7　財政破綻論（5）　国債を国内の金融資産で支えきれなくなると財政破綻する？

前述のように、法政大学の小黒一正教授は2010年に『2020年、日本が破綻する日』と題した本を出版しました。2020年と言えば今年ですが、この年に破綻するという予言の根拠は、次のとおりです。「これから急速に高齢化が進展し、団塊世代が老後の生活費として貯蓄の

図表 5-6　小黒一正氏による、家計貯蓄が減少すると財政破綻することの説明図

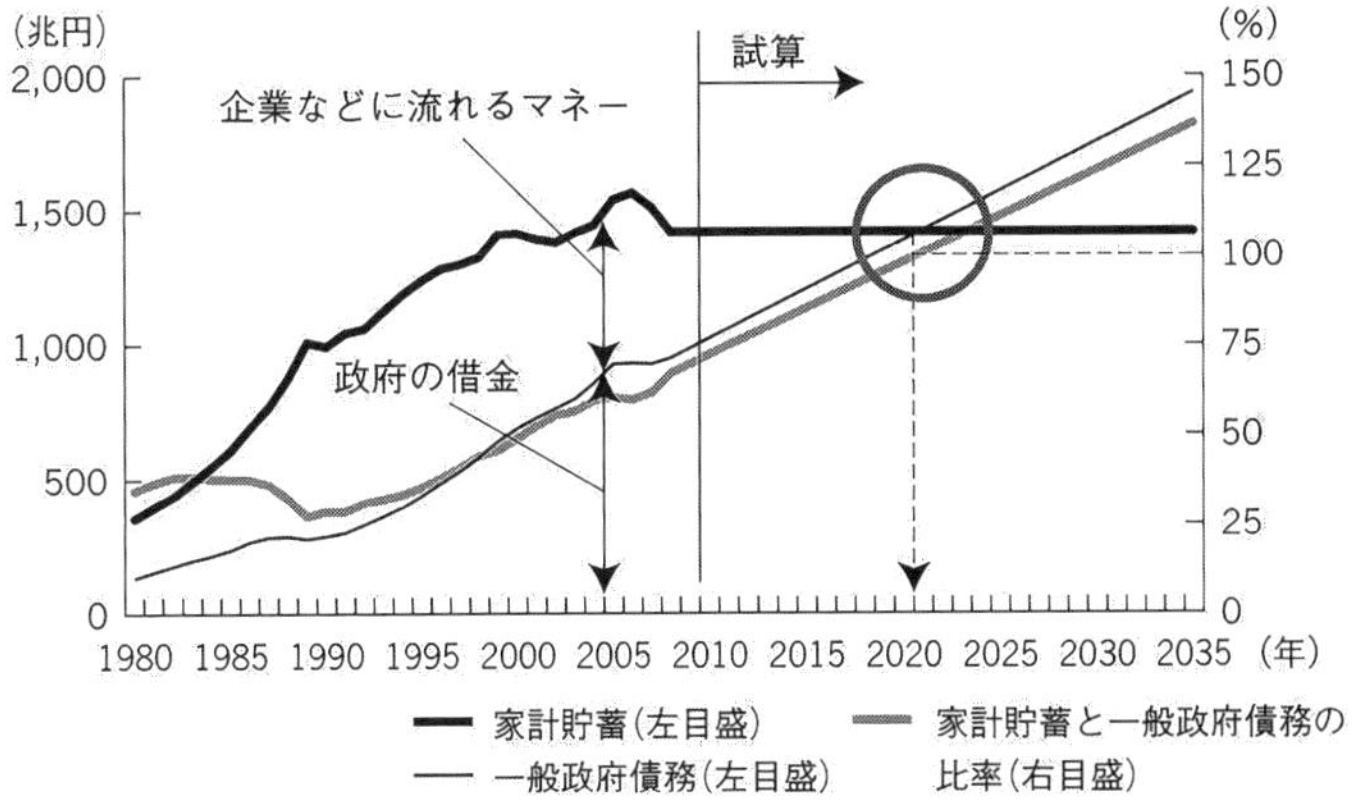

出典：小黒（2010）、Kindle 版、位置 no.227
注：内閣府「国民経済計算 (SNA)」から小黒氏作成。「家計貯蓄」は家計の金融資産、「一般政府債務」は一般政府の借り入れと株式以外の債券を利用。

取り崩しを本格化させる中、これまでのように家計マネーが国債を安定的に吸収できるとは限らない。むしろ、政府の借金が２０２０年までにその原資である家計貯蓄を食い潰してしまうかもしれないのだ」（小黒　２０１０、Kindle 版 , 位置 no.218-221）。

その理由は、図表５－６のような図式で説明されます。政府の国債購入を支えているのは家計の「貯蓄」（正確には金融純資産）であり、それが伸びないと仮定すると、２０２０年頃には政府の新規国債に買い手がつかなくなり、借り換えができなくなり財政が破綻する、という考え方です。

小黒氏は、２０１８年に小林氏の本『財政破綻後』に寄せた共著論文でも、「財政破綻の一つの契機は国債を国内の金融資産で支えきれなくなったときだ」と書いており、基本的なお考えは変わっていないようです（佐藤・小林・小黒 2018、所収：小林編著 2018、86頁）。しかし、すでに2020年に入りましたが、日本ではまだまだ国債金利は低く、財政破綻の気配は見られません。

おそらく2010年の予言は外れるのだろうと思います。その根拠として、他ならぬ小黒氏たちが上述の論文に引用したものと同じ趣旨の図を、財務省の『日本の財政関係資料』（平成30年4月）から引用します。この図表5－7を、さきほどの図表5－6と見比べてください。実際の家計金融純資産は一定に留まるどころか、2010年以降は、政府の負債が増加するのとほぼ平行に増加を続けてきたことが明らかです。これこそ、第3章9節で論じた通りに、**政府の負債によって民間の金融資産が増加してきた**ことの証拠です。

これは「資金循環統計」から筆者らが作成した図表5－8を見ても明らかなことです。家計の金融純資産（折れ線グラフ）は、その他の部門の金融純負債の総額（積み上げ棒グラフ）と常に一致します。そして、小黒氏の主張とは逆に、家計の金融純資産が、政府と民間非家計、および海外の負債によって支えられていると考える方が自然です。

小黒氏らは、日本政府が巨額の債務を抱えているのに、国債の金利が低い状態が続いていることを「**日本国債のパラドクス**」と呼んでいます。しかし、本書をここまで読み進められた読者にとっては、これはパラドクスでも何でもありません。**政府赤字そのものによっておカネが増える**

図表 5-7　一般政府債務と家計金融資産の推移

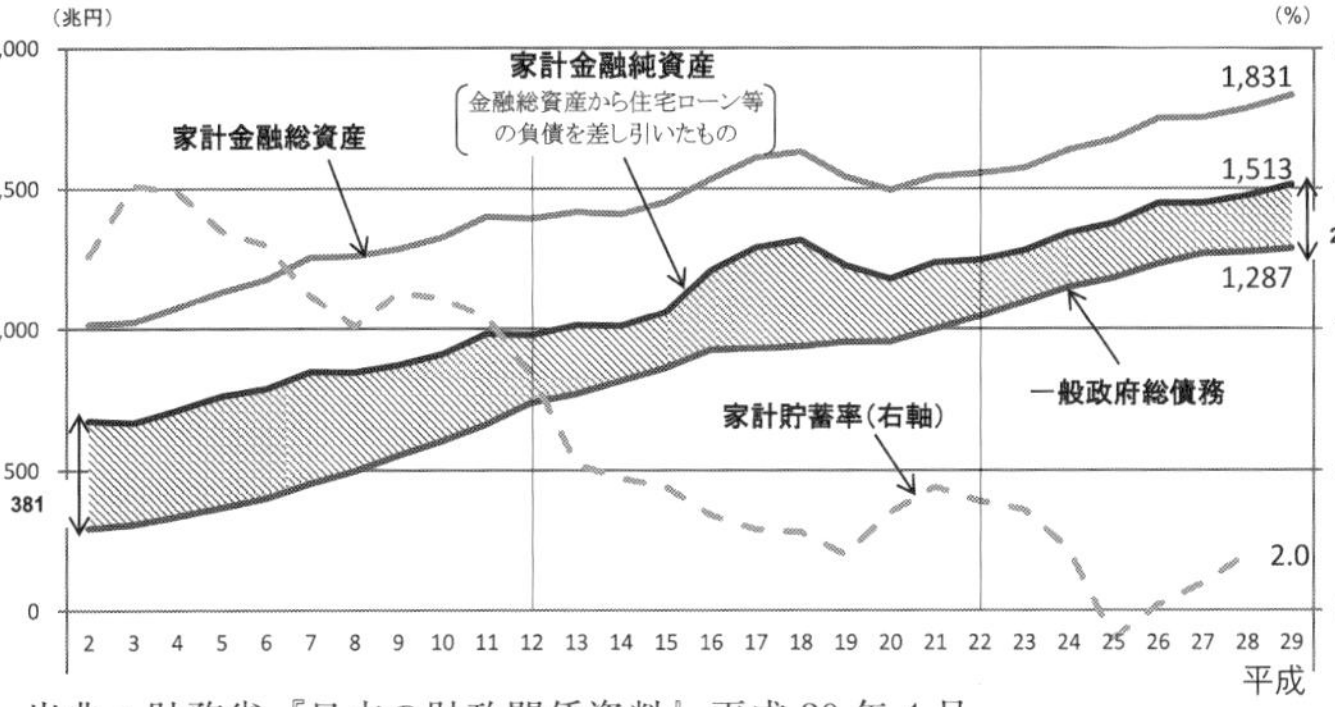

出典：財務省『日本の財政関係資料』平成 30 年 4 月。
注：佐藤・小林・小黒（2018）、p.87 に引用された図は平成 29 年 4 月版のものだが全く同趣旨の図である。2000 年（平成 12 年）と 2010 年（平成 22 年）が分かるように、筆者が縦線を加えた。また年号は平成を明示した。

図表 5-8　家計の金融純資産とその他の部門の金融純負債（ストック、兆円）

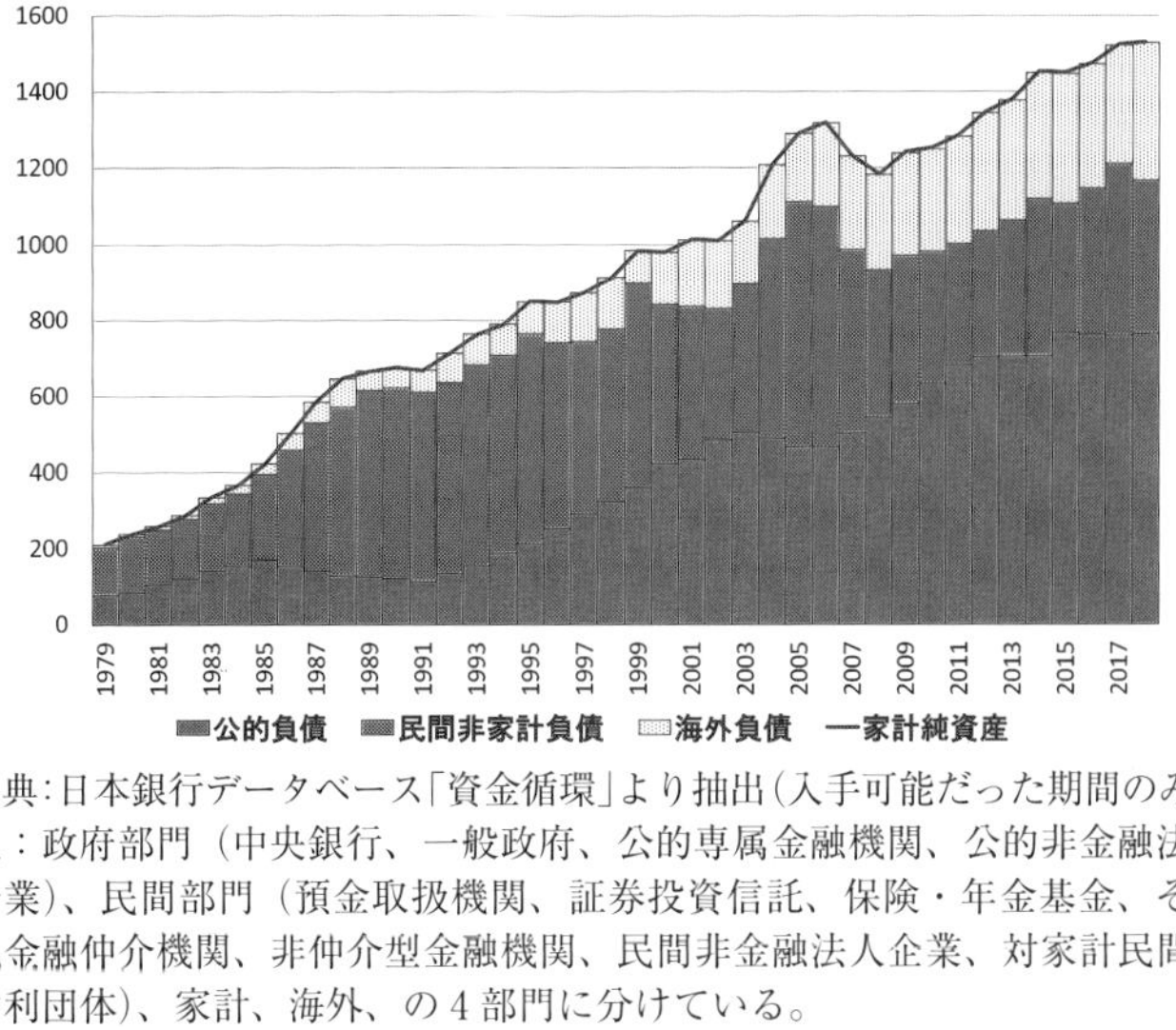

出典：日本銀行データベース「資金循環」より抽出（入手可能だった期間のみ）。
注：政府部門（中央銀行、一般政府、公的専属金融機関、公的非金融法人企業）、民間部門（預金取扱機関、証券投資信託、保険・年金基金、その他金融仲介機関、非仲介型金融機関、民間非金融法人企業、対家計民間非営利団体）、家計、海外、の 4 部門に分けている。

のですから、それ自体は、金利をむしろ引き下げる要因になるからです。

財務省もようやく、図表5−7のような図を使うことのおかしさに気づいたのか、『日本の財政関係資料』の令和元年6月版からは、この図は見られなくなっています。

第6章　デフレ脱却時に財政破綻が起こるわけがない

1　財政破綻論（6、7、8）　デフレ脱却を「引き金」とする財政破綻論

デフレ（物価水準の下落が続く状況）は債務者の実質的な負担を重くし、企業の売上げを減らすため、経済にとって望ましいものではありません（↓第8章1節）。2012年以前のデフレ状況では賃金は下がり、雇用も悪化していたのです。従って、2013年以降に安倍政権が、デフレ脱却を目的として、財政政策と金融政策を積極的に実施すると宣言したこと自体は妥当《だとう》なことです。これにより為替レートを以前よりも円安にできたことは、純輸出（輸出－輸入）を改善させ、雇用にある程度のプラス効果があったと考えられます。ただし、財政政策の面では、消費税の増税を二回も行ったほか、政府支出の増加を抑制してきたため、当初の約束に比べればずいぶんと

図表 6-1　国債価格と国債金利の関係

最も単純な例として、額面が 1 億円の、1 年物の国債を想定します。発行時にこれを購入して、1 年待つと 1 億円がもらえるのです。

- この国債が 9500 万円で売られているとき、利回りは約 5.26% となります
  （10000 ÷ 9500 ≒ 1.0526、9500 ×（1+0.0526）≒ 10000）
- 国債の値段が下がって 9250 万円になると、利回りは約 8.11%になります
  （10000 ÷ 9250 ≒ 1.0811、9250 ×（1+0.0811）≒ 10000）
- 国債の値段が上がって 9750 万円になると、利回りは約 2.56% に下がります
  （10000 ÷ 9750 ≒ 1.0256、9750 ×（1+0.0256）≒ 10000）

この利回りが「国債金利」です。国債の値段が 1 億円になると国債金利はゼロになり、1 億円を超えるとマイナス金利になります。

ちなみに、10 年物などの長期の国債には「表面金利」と言って、満期までに毎年 2 回もらえる金利が設定されていて、表面金利と国債価格によって国債金利が決まるのですが、計算式がやや複雑になるので本書では扱いません。

出典：筆者作成

緊縮的です。その結果、物価安定目標の2%は達成されず、目下の物価上昇率はゼロ%近辺に留まっています。

筆者らは、正しい反緊縮的経済政策が採《と》られて、日本経済がデフレから完全に脱却し、回復・成長への道をたどることを望んでいます。しかし、財政破綻を懸念する人たちの中には不思議なことに、このデフレ脱却こそが、日本の財政や経済の破綻の「引き金」になると論じる人たちが少なくありません。それは一体、どういう理屈なのでしょうか。

それを理解する上でまず、知っておきたい知識が、国債の価格と金利の関係です。金融機関が預金や貸出

図表 6-2　名目ＧＤＰ成長率と長期金利の推移

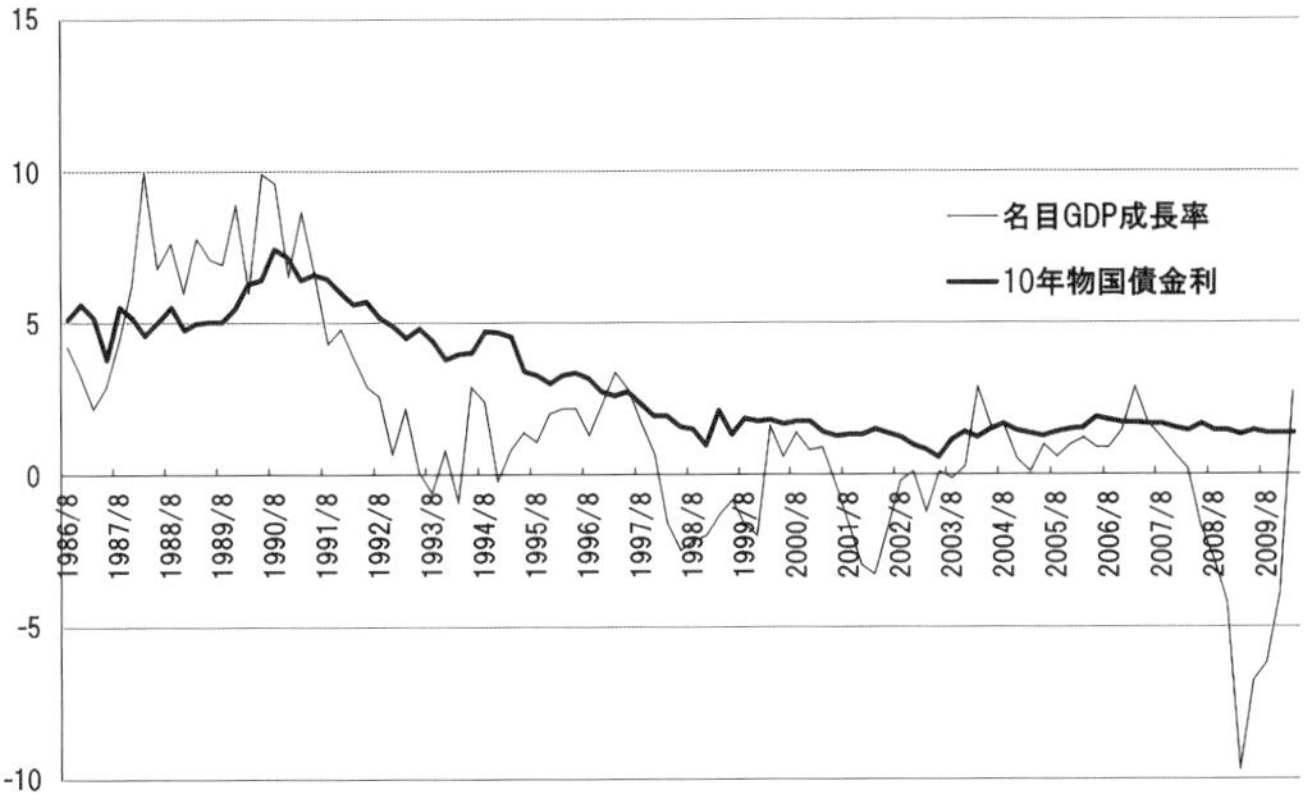

出典：財務省「国債金利情報」、内閣府「2009年度国民経済計算（2000年基準）」により筆者作成。1980年代のデータを用いるために、2000年基準の国民経済計算を用いた。名目ＧＤＰ成長率は四半期データによる。10年物国債金利は、毎日の金利を月平均金利に換算したもののうち、各四半期の中間の月（2、5、8、11月）のものを用いた。この期間の、両指標の相関係数は0.73。

につける金利は様々です（↓図表6－3、144頁）。それらを決める際に基準とされる重要な金利が、国債金利です（特に10年物国債の利回りで、「長期金利」とも言われるものです）。**国債価格が安くなると、国債金利が高くなる、という関係があります**（図表6－1参照）。つまり、金融機関が国債を売るようになると、国債価格が下がり、国債金利も上がるのです。例えば、ギリシャ経済危機の時に国債金利が急上昇したのは、パニック売りによって国債価格が暴落したためです。

　また、国債金利と経済成長率には、ある程度の相関関係があることが知られています（相関係数は0・73、

図表6－2を参照)。

財政破綻を懸念する人々は、デフレ脱却が実現して経済成長率が回復する（名目GDP成長がプラスに転じる）と、ただちに金利が上昇すると考えています。すると、政府の財政も、日本銀行も、そして民間部門も、その金利の負担に耐えられなくなる、という論理です。よく考えると、3つの部門を同時に見渡せば、経済回復によってこれらが全て破綻する、という奇妙な論理なのですが、まことしやかに論じられています。ここでは、

(6) デフレ脱却に伴う政府の財政破綻懸念
(7) デフレ脱却に伴う日銀の財政破綻懸念
(8) 民間銀行など民間経済主体の破綻懸念

の3分類にわけて、代表的な論者の議論を引用しましょう。

(6) デフレ脱却に伴う政府の財政破綻懸念（国債借換《かりか》え金利の急上昇による）

第5章5節でも紹介した「経済学者グループ緊急提言」（2003年）は、「あと8年以内に債務・GDP比率は200％に達する。この水準は、国家財政の事実上の破たんを意味すると言ってよい。たとえデフレが収束し、経済成長が回復しても、その結果金利が上昇すると、ただちに

政府の利払い負担が国税収入を上回る可能性が高いからである」と述べていました（日本経済新聞2003年3月19日）。

第5章でも述べたように、国債が満期を迎えると、ふつうは同額の新規国債を発行して元本を返します（借換え）。しかし、市場金利が上がっていると、新規国債にも同じぐらいの金利（表面金利）を付けないと、民間の金融機関は（額面とほぼ同じ価格では）買ってくれません。その金利は一般に、政府の歳出として、税金から支払うべきものとみなされています。実際には、金利の支払いも新規国債発行でまかなわれているのが現実なのですが。

（7）デフレ脱却に伴う日銀の財政破綻懸念（国債評価損によるもの、準備付利によるもの）

景気が回復すると日銀が破綻する（債務超過となる）、という話もまことしやかに語られています。慶應義塾大学の野口悠紀雄《のぐちゆきお》氏は、「日銀の黒田東彦総裁は、5月10日の衆議院財務金融委員会で、民進党の前原誠司《まえはらせいじ》氏の質問に答えて、「長期金利が1%上昇した場合、日銀が保有する国債の評価損が23兆円程度に達する」とした」と日銀総裁の発言を引用した上で、「金利上昇幅が2%であれば、46兆円ということになる、（中略）3%程度になる可能性が十分ある。仮に3%とすれば、日銀保有国債の市場価格下落幅は69兆円になる」（野口悠紀雄 2017）と、懸念を表明しています。日銀の純資産は第2章（図表2－6）で示したようにわずか3兆円ですので、何十兆円もの評価損が出れば簡単に債務超過になります。

しかし、満期保有を前提とする国債は、時価でバランスシートに記載されません。額面額を記載するのと実質的には同じ方法（償却原価法[20]）によって記載されますので、市場金利が変化しても帳簿上の損失は現れませんし、満期まで保有すると損はでません。途中で割安で売却した国債に限って損が確定するにとどまります。

そこで、この事情に通じている人は、評価損や含み損よりも、次のような問題を重視します。小黒一正氏と、日本経済研究センターの左三川郁子《さみかわいくこ》氏は、「デフレ脱却後に金利が正常化すると（中略）将来の出口局面で超過準備の付利を引き上げれば、保有国債の利回りとの間で逆ザヤが生じ、日銀は赤字に陥る可能性がある」（小林編著　2018、110頁）と指摘しています。これはどういうことかと言うと、民間金融機関は日銀に約400兆円もの日銀当座預金を保有していますが、市場金利が上がると、日銀当座預金にもそれ相応の金利（超過準備付利《ちょうかじゅんびふり》）を付けてあげないわけにはいかなくなる、という話です。たとえば、市場金利が2％上がって、毎年2％の付利をつけなければならないとすれば、400兆円×2％＝8兆円、となり、日銀は毎年8兆円を支払わなければならなくなります。これだけでも1年以内に日銀の純資産はなくなってしまう、という話です。

（8）民間銀行など民間経済主体の破綻懸念（デフレ脱却によるもの、デフレ続きによるもの）

デフレから脱却すれば、民間の債券保有者が破綻の危機に瀕すると心配する人もいます。元日銀理事で、富士通総研の早川英夫《はやかわひでお》氏は「残存期間7〜8年の債券の利回りが2%以上上昇すれば、価格は15%程度下がる。このため、出口においては債券の価格が急落し、長期債を多く保有している主体は多額のキャピタル・ロスを蒙るのだ」（早川　2016、227頁）と言っています。他方で、デフレが収束しなければ破綻するという人たちもいます。先述の「経済学者グループ緊急提言」（2003年）は、先に引用した箇所に続いて「もしデフレが収束しなければ、金融機関が次々に破綻するだろうから、国民経済の破綻という意味では同じことが起こる」と述べています（日本経済新聞2003年3月19日）。デフレを脱却してもしなくても、破綻の危機だという不思議な話です。

以下では、デフレ脱却に伴う金利上昇による、政府・日銀・民間の破綻という問題について、全体的な視野で検討してゆきます。

2　さまざまな金利

前節では国債価格と国債金利の関係をすでに簡単に説明しました。この国債金利が、民間のさまざまな金利の参照基準となるわけですが、実際にはいろいろな種類の金利があります（図表6－3）。金利の水準は、預金金利と貸出金利とでは大きく違いますし、同じ貸出金利でも短期と

図表 6-3　預金や貸出の年利率

	国債 （10 年物）	定期預金 （10 年物）	貯蓄預金	普通預金	譲渡性預金 （360 日以上）
預金金利	−0.060% （国債金利）	0.017%	0.001%	0.001%	0.017%
	国内銀行平均	都市銀行	地方銀行	第二地方銀行	信用金庫
短期貸出金利	0.462%	0.360%	0.622%	1.226%	1.881%
長期貸出金利	0.673%	0.510%	0.789%	0.854%	1.592%

出典：預金金利は 2020 年 2 月 3 日時点の金利（日本銀行金融機構局「預金種類別店頭表示金利の平均年利率等について」2020 年 2 月 5 日）、貸出金利は 2019 年 11 月時点の金利（日本銀行金融機構局「貸出約定平均金利の推移」2020 年 1 月 7 日。国債金利は 2020 年 2 月 3 日時点の金利（財務省・国債金利情報 HP）

図表 6-4　イールドカーブと国債金利（2020 年 2 月 3 日時点）

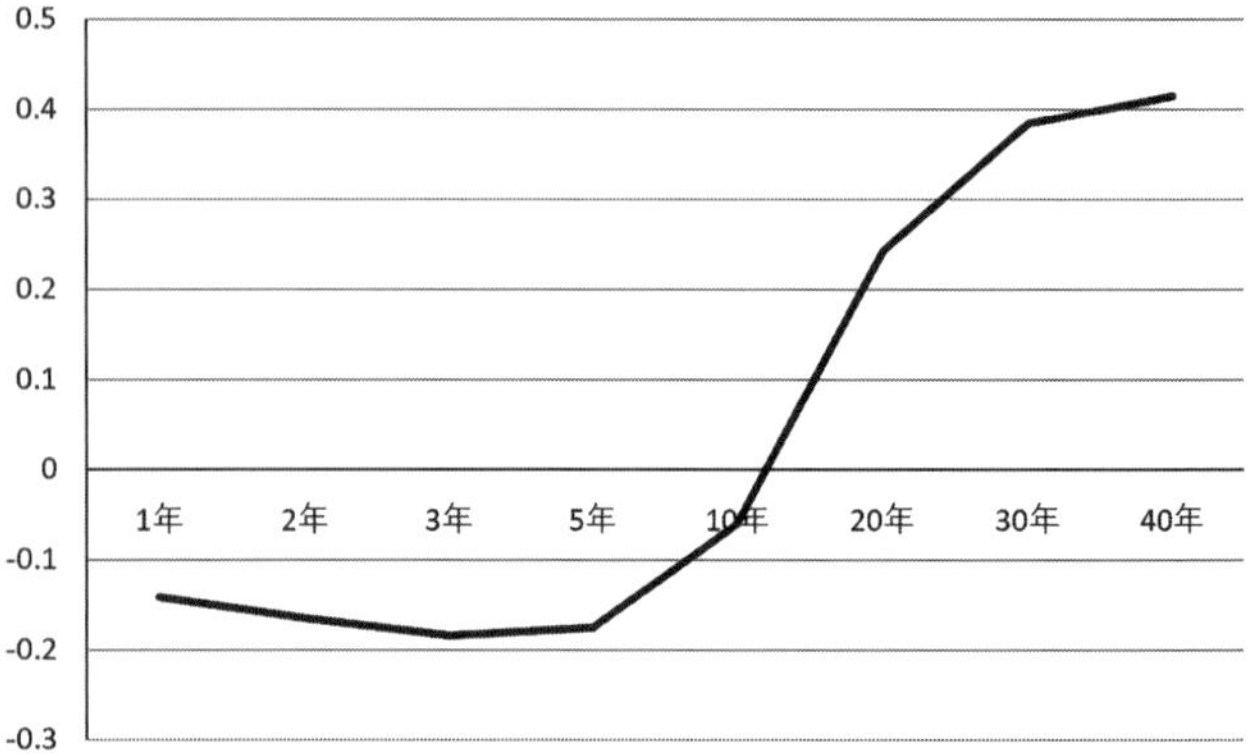

	1 年	2 年	3 年	5 年	10 年	20 年	30 年	40 年
2020.2.3	-0.141	-0.165	-0.184	-0.175	-0.06	0.243	0.383	0.414

出典：財務省・国債金利情報 HP「金利情報」（2020 年 2 月 6 日アクセス）より筆者作成

長期で異なるほか、銀行の種類によっても異なります。また国債金利も、国債の年限（満期までの期間）によって異なります。これをグラフ化したものを「イールドカーブ」と言います（図表６－４）。これらの金利は、それなりに連動して動きますが、それぞれの金利を動かす原因が違っていますので、どの金利から先に変化するか、そしてどれほど他の金利と差がつくかは、その時々の状況によります。

３　景気回復から金利上昇に至る仕組みとタイムラグについて

景気が本当に回復する際には、企業の借り入れが大きく変化してくると考えられます。今はデフレからの脱却が不十分な中で、企業は資金を貯め込んでいます（毎年の企業部門収支がプラスになっています）。ですから、ただちに企業の借り入れが増えて金利が上がるとは考えにくいです。しかし、日本経済に回復の見通しが生まれると、企業はだんだんとおカネを借りて設備投資を増やすようになるので、企業部門収支がマイナスに向かいます。企業部門が赤字になるのが、通常の経済の姿であり、そこへの移行の際に、貸出金利がゆっくりと上がって行くと考えられます。

企業部門の収支が、景気だけでなく物価上昇率とも密接な関係にあることを明らかにしたのが、会田卓司《あいだたくじ》氏と榊原可人《さかきばらよしと》氏の分析です（図表６－５）。彼らは「企業貯蓄率」という言葉を使って

図表6-5　企業貯蓄率とデフレ率

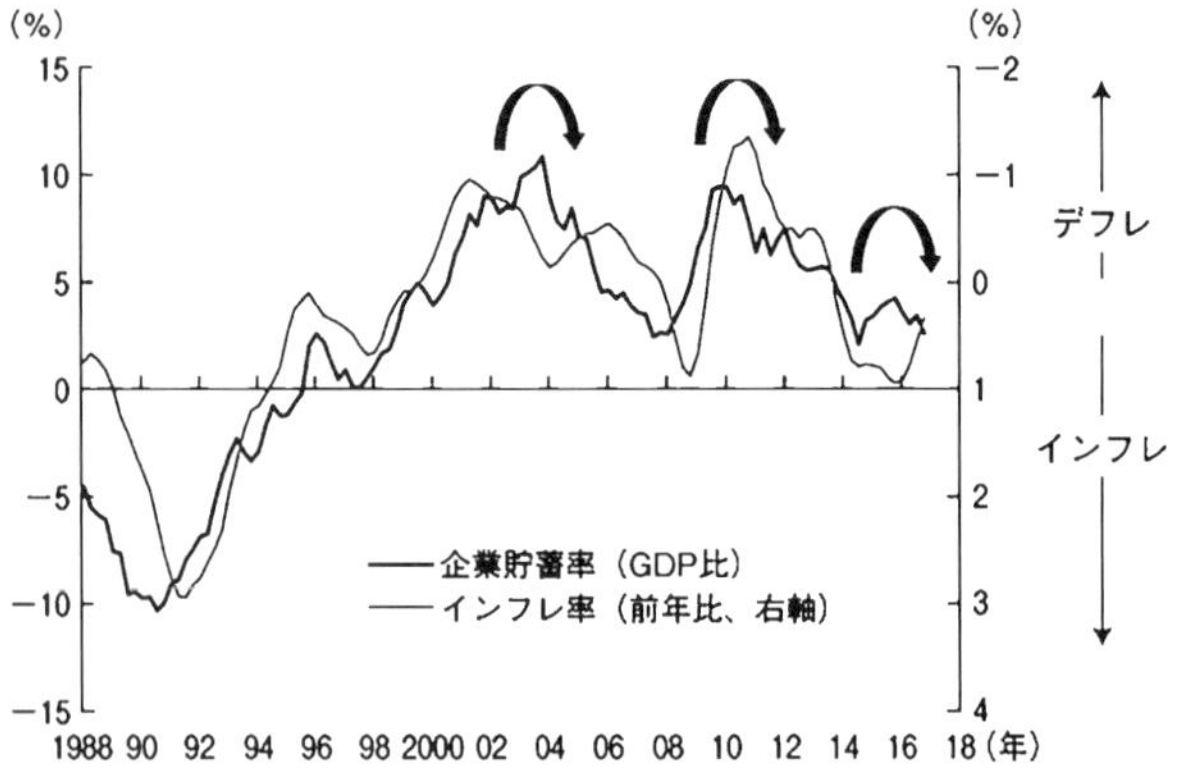

（注）ここでのインフレ率は生鮮食品・エネルギーを除いた消費者物価指数の前年比で示す。それを右軸で示してあるが、マイナスの度合いが深まると上に向うように上下を反転してある。消費税率変更による直接的な影響は除いてある。

出所：総務省、内閣府、日本銀行

出典：会田・榊原 (2017)、Kindle 位置 no.1647

いますが、本書の企業部門収支と同じ意味です。「企業貯蓄率」とデフレ率は非常によく一致しており、ここから「企業貯蓄率」がマイナスに転じた頃に、日本経済がデフレから脱却できるであろうと考えられます。一般に、デフレ圧力はＧＤＰギャップという概念で説明されます。ＧＤＰギャップとは、既存の供給力をフル活用した場合のＧＤＰ（潜在ＧＤＰ）と、実際のＧＤＰとの差です。しかし、潜在ＧＤＰは推計に頼らねばならず、ＧＤＰギャップを推計することは意外と困難です。それに対し、「企業貯蓄率」をみるだけで景気や物価の動向を占うことが出来るのであれば、これは非常に便利な指標と言えます。

企業の貯蓄率がマイナスに転じた時、それは景気が回復し、企業が将来のために積極的な設備投資を行うことになったことを意味するでしょう。

ところで問題は、経済の回復と企業の貯蓄率のマイナス化、そして金利の上昇がどういう順序で、どの程度の時間差をともなって起こるかということです。図表6－5では、企業貯蓄率とインフレ率の変化の、前後関係は明確ではありません。しかし、肝心の金利上昇は、デフレ脱却よりもずいぶん遅れて起こると考えられます。その理由のひとつは、企業部門はすでに巨額の内部留保を積み上げており、ただちに借り入れを増やさなくても設備投資を増やせますので、金利がそれに反応して急上昇するとは考えにくいことです。もうひとつは、図表6－2に示したように、金利は長期的には名目GDP成長率と似た動きをしますが、金利の動きは小さいので、短期的には名目GDPの変化に応じて、金利がすぐに変化するわけではないことです。経済が回復したからと言って、金利がすぐに急上昇するとは考えにくく、また最終的に金利が上がった時には、各経済部門は総じて、その金利を支払える状態にあると考えるのが妥当だと思われます。

4　日銀の債務超過はそもそも問題なのか

さきに説明したような、日銀が債務超過になることの懸念は、有力政治家も共有しています。

自由民主党行政改革推進本部は平成29年4月19日付けで「日銀の金融政策についての論考」を提出し、市中金利が上昇すれば準備預金にそれ以上の金利を付けざるをえないとして、日銀が債務超過に陥り、円の信認が維持できなくなることに警鐘を鳴らしています（衆議院議員 河野太郎公式サイト、２０１７年4月19日）。

そもそも、日銀の債務超過は問題なのでしょうか。

たとえ日銀が債務超過に陥っても、親会社である政府がその気になれば、日銀の資本を充実させることができるはずです。それも、日銀からおカネを借りることによって、です。図表６－６でそれを説明します。①政府が日銀に国債（5兆円ぶん）を引き受けさせて政府預金を得る、②日銀に新たに出資証券（いわゆる日銀株）を発行させて政府預金でそれを買う、その結果、国債と日銀株（資本金）が新たに創り出されたような状態になりますが、あくまでそれは統合政府内での帳簿上の操作にすぎません。これだけの操作によって、日銀は純資産をいくらでも充実させることができるのです。

基本的に、このようなことができる可能性があるため、日銀が債務超過になったとしても破綻するわけではなく、問題なく業務を続けることが可能です[21]。そうは言っても、心配する人がいますので、自由民主党行政改革推進本部の文書にも書かれている一文、「万が一の場合に備えて、日銀が債務超過に陥った際の政府との取り決めを検討していくことも、市場の安心感につながるとも考えられる」という箇所には、全く賛成できます。

図表6-6　日銀への資本注入　　**単位：兆円**

政府

資産		負債・純資産	
①政府預金	+5	①国債	+5
②政府預金	-5		
②日銀株	+5		

日銀

資産		負債・純資産	
①国債	+5	①政府預金	+5
		②政府預金	-5
		②資本金（日銀株に対応）	+5

政府（結果）

資産		負債・純資産	
日銀株	+5	国債	+5

日銀（結果）

資産		負債・純資産	
国債	+5	資本金（日銀株に対応）	+5

出典：筆者作成

5　政府・日銀・民間を同時にとらえると、全部が破綻することはあり得ない

金利が上昇すれば、その負担で政府も、日銀も、民間も、同時に破綻の危機に陥《おちい》る、ということは、あり得ません。なぜなら、実体経済でモノが生まれる場合と違って、金融経済のやりとりは、誰かが支払えば誰かが受け取るという関係だからです。全ての経済主体の純支払額を合計すれば、必ずゼロになります（ゼロサム）。

それに対して景気が回復して名目ＧＤＰが増加すれば、経済全体の富は増大します。これはゼロサムではありません。そして、名目ＧＤＰが１％増加すると、累進課税《るいしんかぜい》の効果によって税収が１・１％増えるという経験則が

図表6-7　三部門の経済模式図（15年後、名目成長率3%で安定した場合）

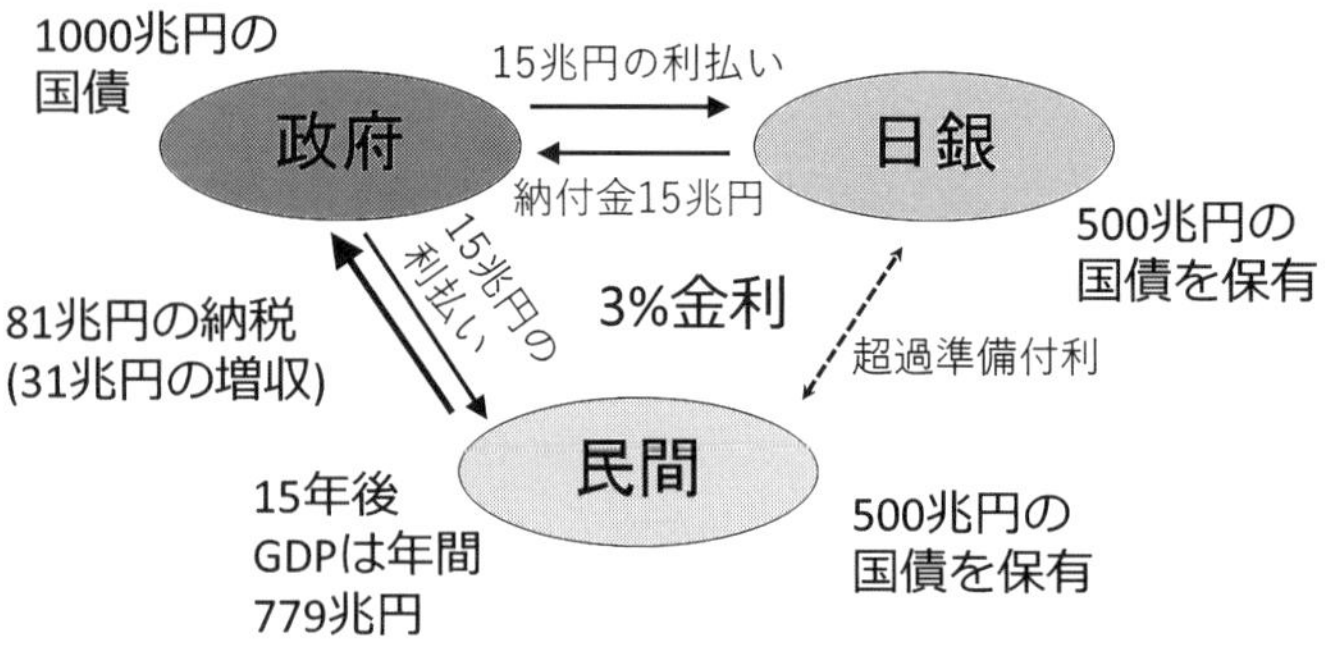

出典：筆者作成

あります（これを、税収弾力性が1・1だと言います。参考：蜂屋　２０１５）。そうであるならば、政府は国債につける金利を、増えた税収からまかなっても、十分におつりが来ることを、以下で説明します（以下の試算は、朴　２０１９に基づいています。厄介に思える方は、説明を読み飛ばしていただいてかまいません）。

図表６－７は、日本経済を単純化した模式図です。現在の名目ＧＤＰは５００兆円、物価上昇率はゼロ％、実質ＧＤＰ成長率はゼロ％、従って名目ＧＤＰがゼロ％の状況が10年以上続いていると想定します。政府は１０００兆円の国債を発行していて、日銀と民間が半分の５００兆円ぶんずつ保有していますが、国債につく金利はすべてゼロ％と仮定します。

この状態から5年かけてデフレ脱却が実現し、5年かけてだんだんと、物価上昇率は２％まで、実質ＧＤＰ成長率は１％まで、名目ＧＤＰ成長率は３％まで、直線的に高まってゆくものとします。税収は当初50兆円ですが、その伸び率は名目ＧＤＰ成長率の１・１倍とします。また、名目金利は名目ＧＤＰ成長率と同じように決まるもの、つまり名目金利＝名目ＧＤＰ成長率と仮定します。

国債は毎年１００兆円ぶんずつ借り換えられ、１０００兆円の残高がずっと維持されますが、借り換えの際の新規国債につける表面金利には、その時の名目金利が適用されるものとします。

このような設定のもとで、３％の経済成長がずっと続くようになると、15年後には名目ＧＤＰは年間７７９兆円まで伸びます。税収は31兆円伸びて約81兆円となります。15年後には全ての国債の表面金利が３％となっており、１０００兆円の国債残高に対して、政府は毎年30兆円の金利を支払うことになります。しかし、政府が日銀に支払う15兆円はそのまま日銀の利益になって、納付金として政府に返ってくるので、差し引きゼロとみて差し支えありません。従って、実際に支払うのは民間に対する15兆円ですが、これは31兆円の増収分から十分に支払うことができます。

超過準備の付利《ふり》は、この図式の中では付けても付けなくてもよいのですが、付けた場合には日銀から民間におカネが移転されるだけのことです。また、民間と日銀の保有国債の評価損(含み損)も、とくにここには示しません。安値で国債を売った人は一定額の評価損を確定させますが、それを買った人はかならず満期までに保有してその金額と同じだけの利益をえることになるため、経済全体で考えたら差し引きゼロとなるためです。

図表6－7を見れば、名目GDPの成長こそが重要であることが分かります。そのメリットに比べたら、金利上昇のリスクは誇張《こちょう》されていると言わざるをえません。

最後に、（本書では全く重視していない）政府債務対GDP比率について考えてみましょう。当初は債務1000兆円に対してGDPが500兆円なので、その比率は200％ですが、**経済が成長に転じれば、債務を償還しようとしなくても債務残高を一定に保ちさえすれば、その比率は低下し続けます。**図表6－7の例では、15年後に名目GDPが779兆円に増えますので、政府債務対GDP比率は128％まで、対民間の債務に限れば64％まで低下することになります。

第7章　ハイパーインフレは起こらない

これまでの章で、財政破綻論の（1）～（8）に対して検討し、貨幣発行権をもつ政府は自国通貨建て国債で財政破綻しないことを論じてきました。しかし、インフレーション（物価水準の上昇）は注意が必要な問題です。貨幣発行によって国債が返済できると言っても、それが度を過ごせば、世の中に出回るおカネが増えすぎて、望ましい水準を超える物価上昇が起こる可能性があります。ただ、広く懸念されているようなハイパーインフレが日本で起こるかは、冷静に検討すべきでしょう。ここでいうハイパーインフレとは、昔のドイツや、最近ではジンバブエやベネズエラで起こったような、制御しがたい急激な物価上昇のことです。

本章では、

財政破綻論（9）　ハイパーインフレが起こる

について検討します。

1　財政破綻論（9）　ハイパーインフレを懸念する議論

財政破綻を懸念する人々の中には、政府が財政破綻を避けようとすると必然的にハイパーインフレが起こると論じる人がいます。

藤巻健史《ふじまきたけし》氏は2010年に、「国の借金は今年度末に973兆円になる見込みです。毎年10兆円ずつ減らしても100年かかる。こうなると、ハイパーインフレを起こして、973兆円を実質的に意味がないものにするしか考えられません」と言っていました（週刊朝日2010年12月24日）。それから9年が経過しても、ハイパーインフレどころか2％の物価安定目標の達成も実現していませんが、藤巻氏の意見は変わっていません。「国民は消費増税などには猛反対するので、大増税はしにくい。政府に残る手段はインフレ税。インフレになってお金の価値が下がれば、政府の借金は実質目減りする。債権者の国民から債務者の国に所得移転が生じるので、増税の別形態といえる、これだけの借金をインフレ税で対応しようとすれば、ハイパーインフレにするしかない。政府には好都合だが、国民にとっては〝地獄〟のような生活が待っている」（週刊朝日、２０１９年12月３日、原真人《はらまさと》氏との対談）。彼の考えは、国債は返済して残高をゼロにせねばならないという誤りに基づいています。

他方で、財政破綻するとインフレになるという人もいます。小黒一正氏の著書には「仮に財政破綻が起これば、長期金利は急上昇しインフレーションとなる」と書かれています（小黒２０１０、Kindle 位置 no.20）。

また、極端なインフレはデフォルトに等しいという人もいます。明石順平《あかしじゅんぺい》氏は、日本が終戦後に国債のデフォルトを起こさなかったことに言及し、「それは極端なインフレが起きたからだ。（中略）実質的に見ればデフォルトを起こしていたと言うべきだろう」と言っています（明石２０１９、Kindle 位置 no.2459）。

このように、財政破綻とインフレとの関係だけを見ても、そしてそれがどの程度の物価上昇率を意味するのかについても、論者のあいだで少しずつ見方が違うようです。

２　ハイパーインフレの定義を明確にする

そもそも、彼らが言うところのハイパーインフレという言葉の意味が明確ではありません。ドイツでは１９２２年から１９２４までに、物価水準が２年で１５００億倍以上となりました

（Sargent 1982）。これはまぎれもないハイパーインフレです。それに対して、日本の終戦直後の物価上昇は5年でたかだか70倍であり、ドイツには到底およびませんが、これもハイパーインフレだという人がいます。そこで、本節でインフレやデフレ、そしてハイパーインフレをしっかり定義したうえで、次節以降でさまざまな問題を検討してゆくことにします。

・インフレーションとデフレーション：本書では、物価指数の上昇率がゼロより大きくなることをインフレーション（インフレ）、ゼロより小さくなることをデフレーション（デフレ）と呼びます。経済協力開発機構は「2年以上の継続的物価下落」をデフレとしていますが、本書では1年の期間を目安とします。これを判定する物価指数としては、消費者物価指数や企業物価指数、GDPデフレータ(22)などが用いられます。同じ時期でも用いられた物価指数によって、指数を計算するさいの対象品目が異なり、物価上昇率の数値が異なる場合があります。

・ハイパーインフレーション：短い期間で急激に物価が上昇することを、こう呼びます。経済学者のフィリップ・ケーガンは毎月50％超、年率換算で1万2875％超の物価上昇率と定義しており、この目安がよく引用されます（Wikipedia「ハイパーインフレ」）。日本では戦後インフレがハイパーインフレとして引き合いに出されますが、東京大学の伊藤正直《いとうまさなお》氏の推計では、1945年から1949年の4年間で物価が約70倍でした（伊藤正直 2012）。これは年率約190％、月率約9・3％の物価上昇率に相当しますが、ケーガンの定義と比べれば、かなり低いことが分かります。他方、国際財務報告基準（ＩＦＲＳ）では3年間で累積１００％（年率約26％）を「ハイパーインフレーション」と呼んでおり[23]、これなら日本の戦後インフレも当てはまります。本書では両者を折衷して、月間の物価上昇率が50％を超えた場合、あるいは3年間の累積物価上昇率が１００％を超えた場合をハイパーインフレとします。

・**物価上昇と貨幣価値**：物価が急上昇するということは、モノや労働に対する貨幣の価値が急落することを意味します。また、外貨に対する自国通貨の価値も下がるので、為替レートが急激に下がることになります。ただし、物価上昇と為替レート下落が完全に同じペースで起こるわけではありません。

・**財政破綻とハイパーインフレ**：この2つを「実質的に同じようなもの」だと捉える論者がいますが、本書では明確に区別します。狭義の財政破綻はデフォルトであり、財政破綻状態はデフォルトが避けられない状況のことと定義しましたが、ハイパーインフレはそのいずれにも該当しないためです。むしろ、財政破綻とハイパーインフレの「無関係さ」に注目した方が、事実が見えてくるでしょう。

・**インフレ税**：少なくない論者が、政府が急激なインフレを起こして借金の実質価値を目減りさせることは、人々から購買力を徴収することと同じだという理屈で「インフレ税」という言葉を用います。これは、ケインズの「課税手段としてのインフレ」という考え方の影響だと考えられます（ケインズ ２０１４［１９２４］、47頁）。しかし本書ではインフレ税という言葉を否定します。

インフレと課税は別次元の話です。例えばマンキューは「インフレ税 inflation tax: 紙幣の増刷によって得られる政府の収入」（マンキュー 2005、581頁）と定義しましたが、この定義は「通貨発行益（シニョレッジ）」についてのものであって、明らかにインフレとも税とも関係ありません。もちろん、貨幣が過剰になる一方で、世の中に存在するモノや労働が稀少になると、貨幣や負債の価値は下がりますが、それは課税ではありません。

3　歴史上のハイパーインフレの事例

ハンケ氏とクルース氏はケーガンの定義（月50％以上の物価上昇）を厳格に適用して、図表7－1のように、1795年のフランスの事例から近年のジンバブエの事例まで、歴史的なハイパーインフレの一覧表を作成しました（Hanke and Krus, 2012）。ちなみに、56の事例が示されていますが、日本の戦後インフレは彼らの定義ではハイパーインフレとみなされません。また、ベネズエラのハイパーインフレはまだ起こっていなかったので含まれていません。これについて、筆者が他の資料で確認したデータを、参考として追加してみたところ、ベネズエラでさえ、最高の月間物価上昇率が233％でしたので、やはり上位6位に食い込むことはありません。

この表に示されたようなハイパーインフレが、政府の赤字が増えるとか、中央銀行が国債を

図表 7-1　ハイパーインフレ一覧表（2010 年まで、上位 6 位まで）

国	開始月・収束月	最高月間物価上昇率	物価倍増時間	物価指数
ハンガリー	1945.8-1946.7	(1946.7)4.19×10^{16}%	15.0 時間	消費者
ジンバブエ	2007.3-2008.11	(2008.11)7.96×10^{10}%	24.7 時間	為替相場
ユーゴスラビア	1992.4-1994.1	(1994.1)3.13×10^{8}%	1.41 日	消費者
ドイツ	1922.8-1923.12	(1923.10)29,500%	3.70 日	卸売
ギリシャ	1941.5-1945.12	(1944.10)13,800%	4.27 日	為替相場
中国	1947.10-1949.5	(1949.4)5,070%	5.34 日	卸売 (上海)
参考：ベネズエラ	2017.11-2019.2	(2018.9)233%		

出典：Hanke and Krus（2012）の表、および Wikipedia（en）"Hyperinflation"（2020.2.10 アクセス）より筆者作成。注：月間物価上昇率が連続的に 50% を超えていたとき、その最初の月が開始月、最後の月が収束月とされる。ユーゴスラビアとスルプスカ共和国はひとつとして扱った。ベネズエラの数値は、政府が統計公表を停止した後に野党の国民会議（National Assembly）が示した。

買い上げるだけで起こるとは考えられません。大不況期から大戦期の米国は、公債残高がＧＤＰを遥かに超えても、ハイパーインフレは起こりませんでした（廣宮２０１３、74〜75頁）。さらには最近になって、債務不履行を起こした国々（１９９８年のロシア、２００１年のアルゼンチン、２００８年のアイスランドなど）でさえ、ハイパーインフレは起こっていません。どうやら債務や財政破綻とは直接的な関係がない現象のようです。

ランダル・レイ氏は「（敗戦国などを除けば）過去１世紀の間に西洋（筆者注：西側）の民主的資本主義国と言われる国がハイパーインフレを経験した事例はない。さらに変動相場制の国に限定すれば、通貨危機の事例すら存在しない」と述べています

（レイ２０１９、Kindle位置no.6745）。ハイパーインフレを起こした事例に共通する問題として、（１）社会的・政治的な大混乱や内戦、（２）生産能力の崩壊（戦争などが原因）、（３）弱い政府（弱い徴税能力）、（４）多額の対外債務、が挙げられます（参考：レイ２０１９、４６９頁）。

これらのうち、現在の日本に当てはまるものは全くありません。

ここでは、ジンバブエの事例について補足しておきます（参考：レイ２０１９、４６８頁：廣宮２０１２、１６６〜１６７頁）。ジンバブエは、独裁者による自滅的な政策によってハイパーインフレに至りました。当時のロバート・ムガベ第二代大統領は、ジンバブエ経済を奇跡的に発展させた功績で英国女王からナイトの称号まで授与された人物ですが、２０００年代に入るとどういうわけか、自国経済を破壊する政策を始めました。白人が経営する農場は生産性が高かったのですが、それを大々的に強制収用したことで、農業が壊滅的打撃を受けました（そのような政策を行った理由は、１９９９年の隣国への派兵が失敗したためと言われています）。その強制収用が原因で欧米から経済制裁を受け、その後は治安がはなはだしく悪化し、コレラやエイズも蔓延しました。農地改革による混乱のさなか、労働力の80％が失業し、ＧＤＰが40％も減少していました。このような状況で行われたのは、紙幣を大量に「印刷する」というよりも（それもあったと考えられますが）、紙幣の額面額のゼロの数を増やしてゆくことでした。最後に登場した紙幣には、１００兆ジンバブエドルという数字が印刷されていたのです。

図表 7-2　ドイツのハイパーインフレーション

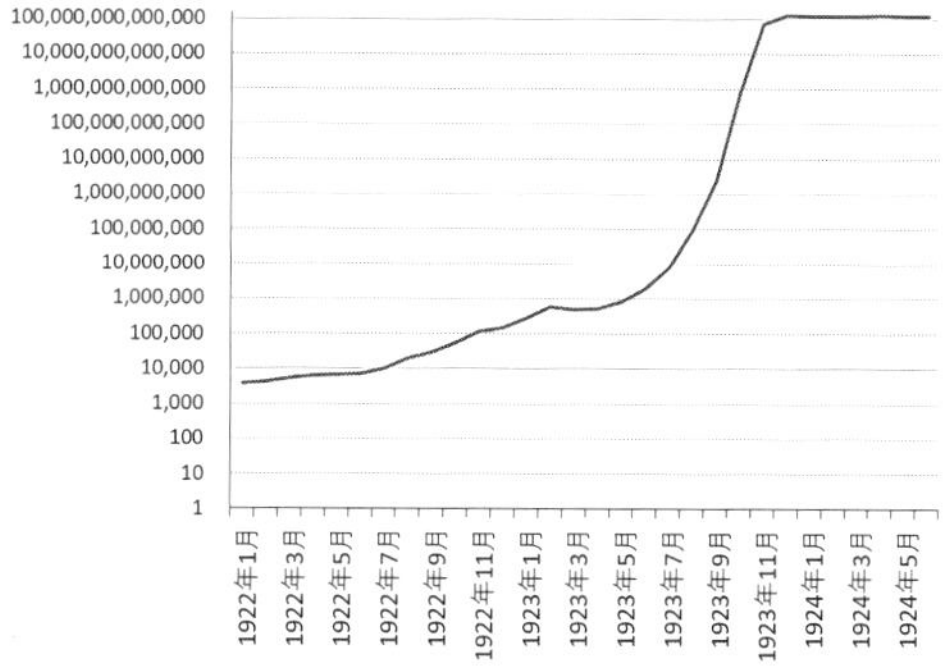

出典：Sargent（1982）のデータより筆者作成
注：縦軸は対数目盛。物価指数の基準は1914年＝100で、1922年1月の水準は3670。

4　ドイツのハイパーインフレは中央銀行の独立性が原因？

１９２２~２３年に起こった、ドイツのハイパーインフレは最も有名な事例でしょう。この事例は、ハイパーインフレに至る「もう一つの原因」を示唆してくれます（図表７－２）。

ドイツは１９１８年に第１次世界大戦に敗れ、経済的な苦境に陥ったところに、巨額の賠償金を課されていました。図表７－１によれば史上４番目に激しいインフレでした。ちなみに、サージェント氏のデータによれば、１９２２年１月から１９２３年12月の間に、物価指数は１５７０億倍となっています（1年間の物価上昇率は約20万倍、Sargent 1982）。

これが起こった原因については定番の説明があります。第１に、政府が国債を中央銀行に引き受

図表 7-3　ドイツのハイパーインフレに至る経緯

1921 年 5 月　ドイツが賠償金支払いを開始、マルク対ドル = 61：1
1922 年 5 月まで、マルク対ドル = 294：1
1922 年 5 月　ドイツ帝国銀行の私有化（独立性の保障）
1922 年 12 月　マルク対ドル = 10000：1
（為替レート変化は年換算で 422 倍）
1923 年 1 月　フランスがルール地方を占領、マルク対ドル = 1.4 万：1
1923 年 12 月　マルク対ドル = 4.4 兆：1

出典:宋（2010）、pp. 242-245。ただし為替レートの数値は Sargent（1982）に所収のデータの数値の逆数をとったものである。

けさせたからだという説明です。明石順平氏は「かつてドイツが中央銀行に国債を直接引受させて、破滅的なインフレが起きた」（明石　２０１９、Kindle 位置 no. 2273）と言っています。第２に、１９２３年１月にルール地方が占領されたせいだ、という説です。この説は、ハイパーインフレが「加速した」原因としては正しいですが、「始まった」原因としては誤りです。図表７－１に見たように、すでに１９２２年８月からハイパーインフレは始まっていたのです。

では、当時の事情をもう一歩詳しく検討してみましょう。図表７－３は、当時の経緯を示したものです。賠償金の支払いは１９２１年５月から始まり、そこからドイツ経済は苦しくなってゆきました。１９２２年５月までに、物価も為替レート（1ドルを買うのに必要なマルクの金額）も約5倍になりました（まだこの段階ではハイパーインフレではありません）。

１９２２年5月の為替レートは「１ドルあたり２９４

マルク」でした。この月に、戦勝国の意向を受けて、ドイツ帝国銀行（中央銀行）の「独立性」を高める法律（Autonomiegesetz《アウトノミーゲゼッツ》）が実施されました（宋２０１０、２４１〜２４６、およびドイツ語版Wikipedia "Reichsbank《ライヒスバンク》"を参照）。現在の一般常識では、中央銀行の独立性を高めるのは、インフレを抑えるためだと考えられています。しかし、**ドイツの場合は独立性がインフレを加速させました**。８月の物価上昇率はハイパーインフレの基準である50％を超え、12月までに為替レートは１ドルあたり１０００マルク程度まで下落しました。なぜこうなったのでしょうか。

　ドイツの中央銀行は１８７６年に設立された頃から私有でしたが、英国やフランスの（私有で独立性の高い）中央銀行と違って、政府の意向に沿って運営されていました。帝国銀行の総裁と理事は全て政府の要職が担当し、皇帝が直接に任命する終身制であり、株主は政策決定権をもっていなかったのです。これが、「政府から独立」するようになったということは、中央銀行に支配権をもつ個人銀行家たちが、通貨発行権を掌握《しょうあく》したことを意味します。

　明石氏は、中央銀行がドイツ政府から国債を引き受けさせられていたと言っていますが、もう少し丁寧な説明が必要でしょう。まず国債の中身にも注目しましょう。１９２３年は、政府が発行した広義の国債の残高のうちで、満期の長い国債（Bond）はわずか1・1％で、98・9％が政府短期証券（ＴＢ）でした。これらのうち中央銀行が買い入れた（割引した）のは68・2％でした（富田２００６、２９４頁の表より計算）。さらには、中央銀行は民間の商業手形を大量に買い上げて貨幣を供給していたことが知られています。その保有額は、１９２２年5月末から12月までに、34億マルクから4222億マルクに増えました（富田 2006、297頁）。

それと並行して投機筋は、マルクの通貨投機を加速させました。彼らは、経済状況の悪いドイツのマルクを大量に売って、金やドルに替えて、マルクを暴落させた上で、その金やドルで買い戻せば、売った時よりも大量のマルクを手に入れることができます。マルクを持っていなくても、大量に借りて、これを売って暴落させて買い戻せば、借りたマルクは返済できて、利益を手にすることができます。そんなことを繰り返せば、労せずして巨額の利益が得られます。金を大量のマルクに交換して、ドイツ国内の資産を買い占めることもできます。その投機筋にどんどんおカネを貸し付けていたのが民間銀行と中央銀行だったというわけです。彼らは決して、政府の言いなりにおカネを発行していたわけではありません。そして通貨が暴落すれば、輸入品の価格は急上昇しますから、それもハイパーインフレの原因となったと考えるのが妥当でしょう。

ついに政府は1923年10月13日の授権法（Ermächtigungsgesetz《エアメヒティグングスゲゼッツ》）により、対策に乗り出しました。不動産や実物資産に裏付けられた新通貨レンテンマルクを準備し、11月20日から旧通貨と1対1兆の割合で引き換えました。それからインフレの制圧までにどれくらいの時間がかかったでしょうか。1923年12月の物価上昇率は74%、1924年1月にはマイナス7%となりました。新通貨発行から2ヶ月以内でハイパーインフレは制圧されたのです。

前節でハイパーインフレに共通の問題として、（1）社会的・政治的混乱や戦争、（2）生産能力の崩壊、（3）弱い徴税能力、（4）多額の対外債務、を指摘しましたが、ここでは（5）通貨投機（中央銀行が加担）、を追加します。ドイツの事例はこれらのほとんどが該当するものだったと言えます。

５　日銀当座預金が増えてもハイパーインフレにはならない

現在では、政府と中央銀行が分離されたことで、基本的にハイパーインフレが起こりにくい仕組みになっています。その理由として、政府が紙幣を発行する場合と違って、金融関係者たちだけが使う（インターバンク市場における）日銀当座預金と、一般の企業や人々が使うマネーストック（現金と預金）の世界が区別されたことが重要です（図表７－４）。これらは、両替はできますが全く別種のおカネです。同じ「円」で表示されていますが、円と人民元との関係と同じぐらい「ちがう世界」のものです。

ですから、人民元が増えても日本に出回る円が増えないのと同じように、準備預金が増えたからと言って、マネーストックが増えるわけでも、デフレ脱却やインフレが進むわけでもありません。また量的緩和政策（国債と準備預金を交換する政策）は、銀行からみれば政府への定期預金（国債）を日銀への普通預金（準備預金）に置き換えるだけのことですので、大きな効果や影響が出

図表 7-4　準備預金とマネーストックの関係

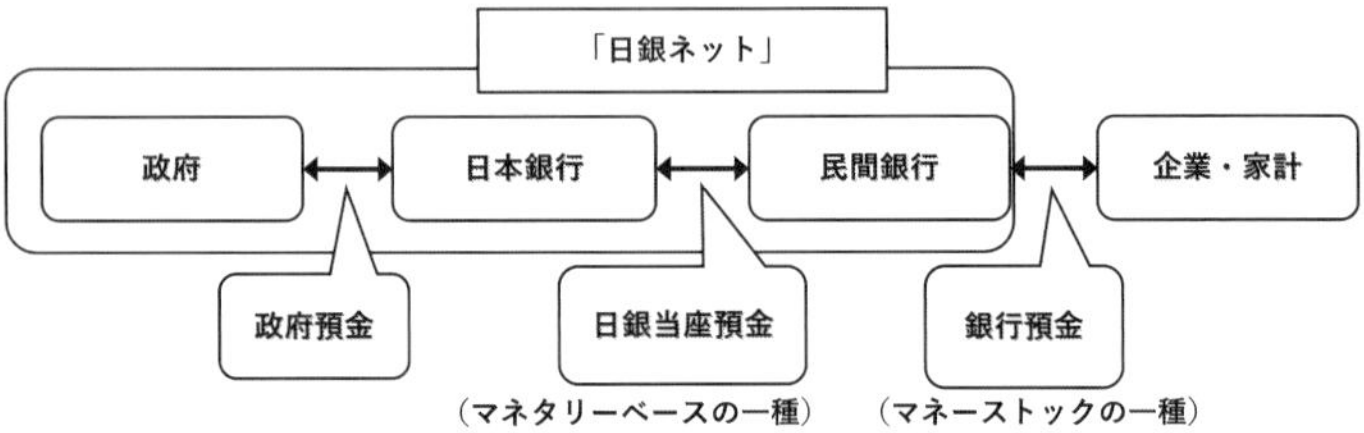

出典：筆者作成
図表 3-6 の再掲である。

るはずもありません。日本の過去7年の量的緩和の経験が、その証拠です。

インフレは民間の財市場の需給が逼迫しないかぎり起こりません。すでに述べてきたようにハイパーインフレは（1）社会的・政治的混乱や戦争、（2）生産能力の崩壊、（3）弱い徴税能力、（4）多額の対外債務、（5）通貨投機によって起こります。日本の戦後インフレも、その原因は日本全土が爆撃によって工業生産力のほとんどを破壊されたことでした。現在の日本は、このほとんどが該当しません。

ただし、日本の物価安定目標は年率2%ですので、その目安を超えた場合には、物価上昇を抑えるための介入が必要となるでしょう。その方法は色々あります。

（1）民間の供給力を増やすための、政府による支援、
（2）税制の自動調節機能による増収（物価上昇率

が著しく目標を超えた場合には増税も）、
（３）中央銀行による政策金利の引き上げ、

などです。ハイパーインフレは、簡単には止められないと言う論者は少なくありません。しかし、ドイツのハイパーインフレでさえ、政府が対策に乗り出すとすぐに終息しました。日本の戦後インフレの場合は、物価が２倍になるのに８ヶ月はかかりました。現在の日本の政府は、新型コロナウィルスへの対応ではひどく後手後手に回っていますが、ひどい物価上昇が生じることを許していません。たとえ戦後インフレ程度の状況（せいぜい毎月９・３％程度の物価上昇）が起こったとしても、それに対してなすすべもなくなるということは、考えにくいことです。

第8章　デフレ脱却と未来のための投資

これまでの章で、日本においては財政破綻論が誤りであることを明らかにしてきました。むしろ、行きすぎた「健全財政志向」すなわち緊縮志向によって、消費税増税が行われるなどした結果、デフレ脱却が実現せず、日本経済が停滞を続け、公衆衛生の問題にも対応が難しくなったのです。ここから脱却するには、経済政策をもっと積極的なものに転換することが必要です。

1　デフレ脱却の重要性

本書では、物価上昇率を判断基準として客観的に、0％を超えるとインフレ、0％を下回るとデフレと定義しています。では、物価上昇率が0％であれば物価が安定していると判断できるのか、というと、必ずしもそうではありません。**日本を含め、主要国の中央銀行はおおむね2～3％程度の物価上昇率を物価安定目標としています**（野口雄裕 2012）。過度なインフレはもちろん防ぐべきですが、プラス2％程度の緩やかなインフレより、僅《わず》かでも0％を下回るデフレの方が、経済にとって有害だと考えられているためです。その理由は様々ですが、筆者なりに5つ挙げれば以下のとおりです[24]。

（1）デフレの時はモノよりもおカネの価値が高くなるため、円高になりやすく、貿易が日本の生産者に不利になって経済成長率が低くなり、失業率が高まる。

（2）企業の売上げや、働く人々の賃金が、上がりにくくなる（下がりやすくなる）。

（3）実質的な金利が上がり、おカネを借りている人や、おカネを借りて設備投資する企業の債務負担が増える。

（4）景気の変化を微調整するための金融政策（特に金利の変更）が難しくなる。

（5）消費者物価指数（CPI）には実際よりも数値が高めになるバイアス（偏《かたよ》り）がある。

（1）や（2）で指摘した経済成長率の低下や失業率の上昇は、デフレの結果でもあり、原因でもあります。日本で20年以上もデフレ脱却が実現しないことから分かるように、デフレから脱却するのは難しいことなので、デフレにならないように目標が決められているのです。

（３）について補足します。５％の金利（名目金利）で１００万円を借りた人は、１年後に１０５万円にして返さなければなりません。でも、物価上昇率が３％ならば、おカネの価値は３％下がるので、実質的な金利の負担（実質金利）は軽くなります（5%−3%=2%となります）。つまり「**実質金利＝名目金利－物価上昇率**」という関係が成立するのです（これをフィッシャー方程式と言います）(25)。逆に、物価上昇率がマイナス３％となれば、実質金利は８％に上がります。すでに、債務を抱えている人々にとっても、デフレによっておカネの価値が上がると、実質金利が高くなって、債務の負担が増えることになります。

ちなみに、安定した職に就《つ》いていて賃金が固定されている恵まれた人々にとっては、インフレになると実質賃金が下がり、デフレになると実質賃金が上がるので、デフレの方が有利な場合があります。しかし、債務負担の変化を見ずに、一般的に労働者にとって、インフレが不利で、デフレが有利であるかのように考えるのは間違いです。また、デフレを脱却すれば名目賃金も上がりやすくなると考えられます。

次に（４）について補足します。景気の変化を調整する手段としては主に、政府の財政政策（政府支出と徴税）と、中央銀行の金融政策（主に金利の変更）があります。財政は、予算を決めたり租税に関する法律を変えたりするのに時間がかかりますが、中央銀行はかなり迅速《じんそく》に金利の変更を行えます。景気が悪くなると、金利を下げて、おカネを借りやすくして設備投資を促すのです（なお、金利の変更がどれほど効果的かについては議論がありますが、本書ではその議論に踏み込みません）。

ただし、名目金利はゼロよりも下げることができない、という制約があります。例えば物価上昇率がマイナス１％というデフレの時、名目金利をゼロにしても、実質金利はプラス１％に高止まりします（0%-(-1)%=0%+1%=1%）。かといって、これよりも名目金利を下げる政策はとれません。ですから、ふだんから物価上昇率をプラス２％、金利もプラス２％程度にしておけば、いざと言うときに金利を下げて、実質金利を多少のマイナスにすることだって可能だというわけです。

２　財政支出を増やせば経済は成長する

デフレを脱却するための政策として、日本は量的金融緩和など、かなり「大胆な」政策を実施してきましたが、その中でも断固としてやってこなかったことがあります。それが**積極的な財政政策**です。一般会計歳出は２００９年に１０１兆円を超えて以来、増やすことがタブー視され、それいらい２０１９年度までは一度もその金額を超えたことはありませんでした。言うまでもなく、財政破綻論の影響です。

しかし、国際比較データによれば、財政支出の伸び率と名目・実質ＧＤＰの伸び率は、強い相関《そうかん》関係にあります（図表８－１、８－２）。財政支出は政府が決めることができる変数ですので、

図表 8-1　名目政府支出伸び率と名目経済成長率との関係

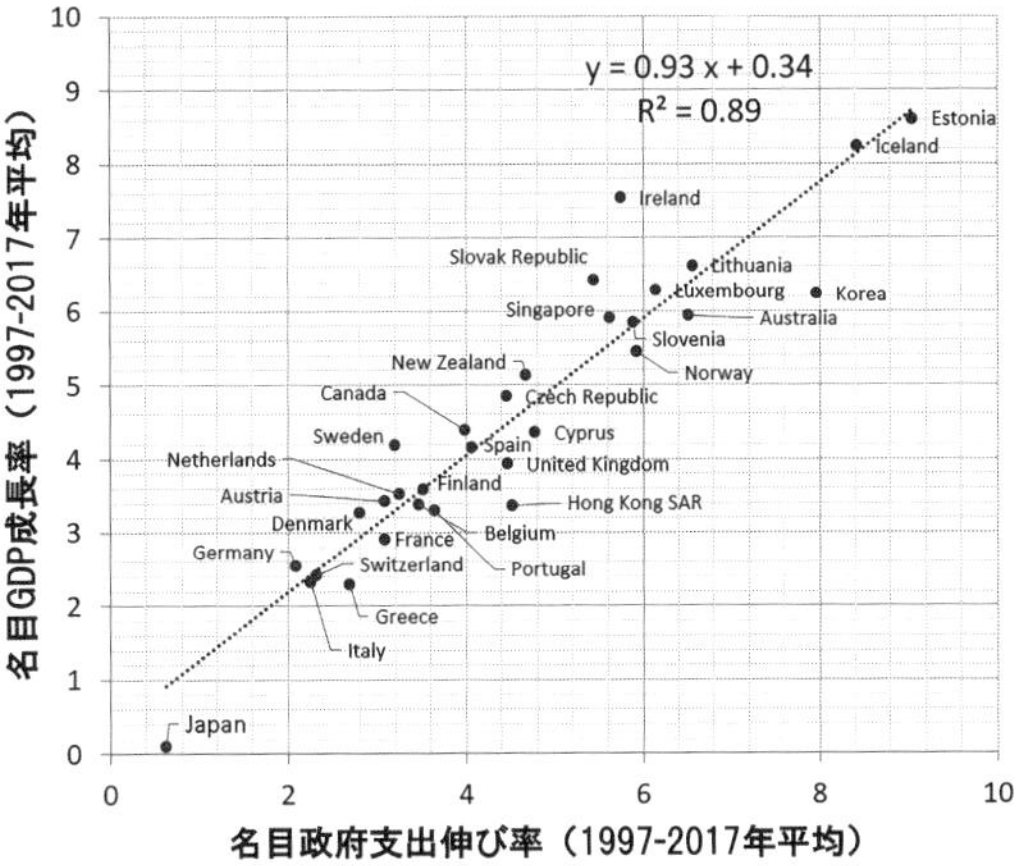

出典：IMF World Economic Outlook database（2019 年 10 月）のデータを用いて筆者作成。

図表 8-2　実質政府支出伸び率と実質経済成長率との関係

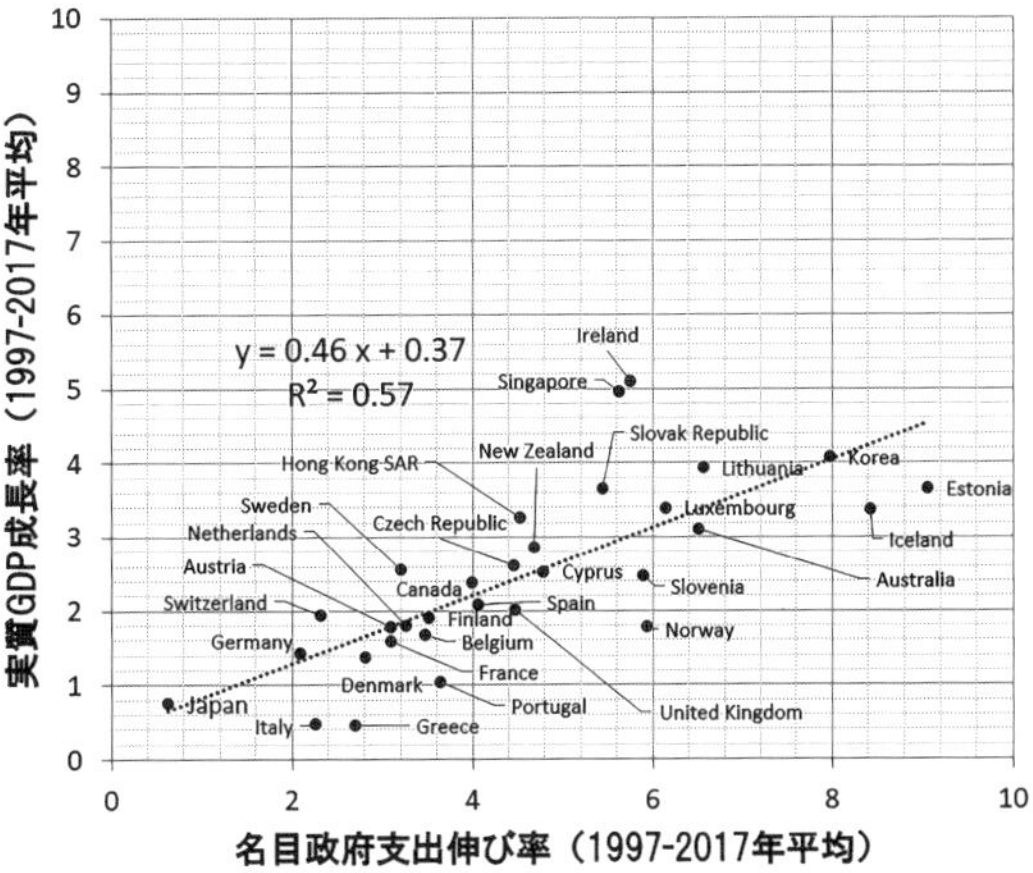

出典： IMF World Economic Outlook database（2019 年 10 月）のデータを用いて筆者作成。

因果《いんが》関係の向きは、財政支出からGDPに向かうと考えるのが自然でしょう。

主要国31カ国の長期的なデータ（1997～2017年）の分析結果を確認しましょう。図表8－1の「y=0.93x＋0.34」という回帰式（一次関数）をごらんください。「0.93x」という項は、名目の財政支出の伸び率(x)が年当たり1％高くなるにつれて、名目の経済成長率(y)が約0・93％高まることを意味しています。つまり、財政支出の伸び率と名目経済成長率は、ほぼ等しいということです[26]。

これは、ただ単に、政府支出が増えるとインフレが進んで、実質的には経済は豊かになっていないにも関わらず、みかけ上の名目GDP成長率が高くなっただけだと思われるかもしれませんが、そうではありません。その証拠に、図表8－2の回帰式「y=0.46x＋0.37」を見てください。「0.46x」は、財政支出の伸び率が1％高くなるにつれて、実質の経済成長率も約0・46％高くなることを示しています[27]。簡単に言えば、財政支出の伸び率と同じぐらい名目GDPの伸び率が高くなりますが、その半分が実質GDPの伸びにつながり、もう半分が物価上昇率の伸びにつながる、という関係があるわけです。

一般に経済成長率は、新興国ほど高く、成熟国ほど低くなりますが、このグラフの国名をよく見ると、そのような単純な関係だけではなさそうです。世界最高所得国のルクセンブルクがかなり右上に位置する一方で、欧州内の後進国であるギリシャやイタリアなどは左下に位置している

図表 8-3　日本の名目ＧＤＰ、2019 年実績、兆円

Y	消費（C）	設備投資（I）	政府支出（G）	輸出（EX）	－輸入（－IM）
554.5 (100%)	305.7 (55.1%)	107.3 (19.4%)	140.1 (25.3%)	96.8 (17.5%)	−95.4 (−17.2%)

出典：内閣府「国民経済計算（ＧＤＰ統計）」ホームページ、2019 年 10-12 月期 1 次速報、2020 年 2 月 17 日公表。

ためです。そんな中でも日本は、最も左下に位置する国となっています。やはり**日本は、政府支出の伸びを抑えたことによって、低成長とデフレを持続させた**と考えるべきでしょう。

これは、ＧＤＰの基本的な定義式からも明らかなことです。国内総生産は、どれだけのモノやサービスが需要されたかによって決まります。売れたものしか、付加価値を生産したことにはならないためです。需要側のＧＤＰの定義式は覚えておきたいところです。

GDP ＝消費＋設備投資＋政府支出＋輸出－輸入

Y=C+I+G+EX-IM

という関係があります。政府支出は需要側の１項目です。政府支出を抑えればＧＤＰが抑制されるのは当然です。

図表８－３によれば、２０１９年の名目ＧＤＰは５５４・５兆円でしたが、それに対して政府支出は１４０・１兆円（25%）もある重要な項目です。図表８－１と合わせて考えても、少なくと

も政府が目標とする名目GDP成長率以上に、政府支出の伸び率を保っておくことが望ましいと言えるでしょう。また、GDPの中でも最も重要な項目は、55%を占める消費ですが、消費税が増税されると消費が落ち込みますので、少なくとも徴収した消費税の分だけ政府支出を増やさないと、（設備投資や輸出が予想外に増えない限りは）GDPは減ることになります。

さらに言えば、日本の政府は決して「大きな政府」ではなく、日本の公務員数は先進国の中でも最も少ない部類です（前田 2014）。「構造改革」によって「政府支出の無駄を削る」という考え方は、現在の日本のような状況では、必ずしも正しいことではありません。

3 未来への公共投資

財政破綻論が誤りで、国債発行による政府支出は物価安定目標の範囲内で可能であるとすれば、今後の日本はどういう経済政策を進めてゆくべきでしょうか。いわゆる新自由主義、あるいは市場原理主義に基づく政策は、緊縮財政、雇用等の規制緩和、私有化を推し進めるものですが、これこそが日本経済の停滞を長引かせ、格差と貧困を拡大させ、命を守るインフラを弱体化させてきたものです。それに対して筆者らは「いのちと環境を守る強靭《きょうじん》な社会」、というビジョンを実現するために、積極的な財政を展開すべきだと考えています。だとすれば、どのような分野の支出を増やすのが適切でしょうか。本書の締めくくりとして、簡潔に指摘しておきましょう。

■労働条件の引き上げと性別格差の是正

長年のデフレの中で、賃金等の労働条件の引き下げや雇用の流動化は、経済回復策の一環として行われてきました。しかしその結果、働く人々の生活は悪化し、消費支出を行う金銭的・時間的なゆとりもなくなってきました。また、安定した雇用に就き、十分な収入を得る見通しが付かない若年層は、結婚をすることも、子どもを産み育てることも難しくなり、このことが少子化の最大の原因となっています。

政府がまず着手すべきことは、労働条件を引き上げ、正規・非正規にかかわらず十分な賃金と余暇を確保できるようにすることです。最低賃金を時給１５００円まで引き上げるとともに、労働時間の規制を厳格化すべきしょう。時給１５００円は、毎日８時間、毎月20日、12ヶ月働いたとしても２８８万円に過ぎず、決して贅沢なものではありません。

これによるコスト負担は、モノやサービスの価格に転嫁することを促すべきしょう。また、移行期の中小企業等の負担を軽減するために、賃上げや事業投資のための資金を 国庫から補助したり、政策金融公庫を通じて超低金利で融資したりすることも必要です。政策金融公庫の資金は、中央銀行がサポートすることが求められます。

■医療・介護・保育

日本が少子高齢社会であることは周知の事実です。少子化や人口の減少が日本の低成長の原因だとする論者は少なくありませんが、少子化率と名目GDP成長率には全く相関関係はありません[28]。重要なことは、医療・介護・保育に対する政府支出を増やして、経済回復と少子化対策、そして医療・福祉の充実を同時に進めることです。こうして、日本経済の技術水準と供給力を高め、より高い質の社会保障を実現することです。

政府の「新経済・財政再建計画」(2018年6月)は、2019〜2021年度の社会保障関係費について、経済・物価動向などを踏まえ、社会保障関係費の実質的な増加を、高齢化による増加分に相当する伸びにおさめる方針です。これは、全般的にみれば社会保障の量も質も向上させないことを意味しています。

医療・保険に関しては、現在進行形の新型コロナウイルス感染に対する政府の対策が後手後手に回っているのは、これまでに、おカネと人員の「ムダ」ではなく「余裕分」が削られてきたためです。一例を挙げると、全国の保健所の数は、2000年頃には850箇所程度あったものが、現在までに500箇所を下回る所まで削られています(全国保健所長会HP「保健所設置数・推移」参照)。

人々が健康に暮らし、働けることが、日本の経済力の源泉です。消費税増税の範囲内でしか社会保障が増やせないような間違った政策を改め、「財源論」に制約されることなく積極的に予算を付けてゆくことが求められます。特に、介護・看護・保育の分野で命を守るために働く人々の賃金を、消防士や警察官なみに引き上げるべく、公務員化も視野に入れつつ、賃金の保障を行うべきでしょう。また、ケアの現場で働く人々の労苦を軽減するために、最先端のロボット等の導入を公費で支援することも必要です。

そして、日本の社会保障制度が基本的には社会保険方式によって運用されていることから、非正規・低賃金の労働者も社会保険に入れるようにし、保険料を財政的に補助するなどの対応も求められます。

さらには、今回のように疫病による休業の余波を受けて、収入を失う人々が大勢いる場合、直接的な生活保障を大規模な財政支出によって行うことは、経済を支え、感染の蔓延を防ぎ、人々の命を守るためにも不可欠です。

■教育・研究

教育と研究も、言うまでもなく日本の経済力の源泉なのですが、ここでも「無駄を削る」と言いながら、いたずらに競争原理や私有化の考え方が持ち込まれ、創造的な成果を出す上で不可欠な「余裕」が削られてきました。

ＯＥＣＤ諸国との比較で見ても日本は、家計の教育負担は重く、教員の勤務時間は長く、教育機関への総支出額（対ＧＤＰ比）は低い水準にあります（参考：OECD 2019）。

研究開発費は世界的に見ても多い方と言えますが、中国や米国が伸びているのに対して横ばいであり、研究開発費の政府負担割合は他の主要国と比べて非常に低い水準に留まっています（参考：経済産業省　２０１９）。

近年、日本の産業の衰退が指摘されていますが、その原因は長期にわたる円高やデフレ不況に加えて、知識に対する投資をも削ってきたためです。何事も国際競争が第一ではありませんが、子どもたちの才能を開花させ、最先端の技術を開発・活用して、よりよく暮らせる社会を実現するために、教育・研究予算の増額は不可欠です。特に近年、成果主義の悪弊から、短期間で目に見える成果がでない基礎研究が軽視される風潮が助長されてきましたが、ここにこそ「余裕」が必要です。

■防災のための公共投資

日本は世界でも有数の地震国で、世界の地震の一割が発生するともいわれています。今後予想される南海トラフ地震や首都直下型地震に対する備えが十分かといえば、予算が無いと言って実施されていない対策も多数あるでしょう。富士山の噴火もいつか起きるといわれており、火山灰が首都圏に降れば、電線はショートして情報通信も大きな被害を受けるといわれています。そのため電線の地中化もすすめるべきでしょうけれど、予算がなくて進められていません。

近年では地球温暖化の影響もあって、台風の勢力が強くなり、洪水や土砂崩れによって現実に大きな被害が発生するようになってきています。他方で、防災事業をはじめとして、社会資本（インフラ）の整備に対する予算は橋本龍太郎政権いらい大幅に削られてきました。国債を財源として公共投資を復活させれば、地震や噴火、台風など必ず訪れる自然災害から人命や国民の財産を守る予防ができるでしょう。

ただし、過去の公共事業においては、環境破壊的で必要性にも疑問が提起された道路やダム、河口堰、干拓事業などが、住民の反対にも関わらず実施されてきた例が多くあり、公共事業に対する人々の不信感は大きなものがあります。民主的な手続きの下で、費用対効果を客観的に把握し、適切な環境アセスメントを実施しつつ、進められる必要があります。また、河岸をコンクリートで埋め尽くすような河川改修は改め、治水機能を強化しつつ自然景観を復元するような公共事業に予算をつけるべきでしょう。

■農業・資源・エネルギー

日本は食料と資源、エネルギーの大部分を海外から輸入しています。その全てを自給するのは無理がありますが、国内の資源を活用しつつ、環境に配慮した循環型の産業をおこしてゆくことが求められます。それに必要な技術の開発・普及などに関して、政府の資金が大きな役割を果たすことが求められます。

特にエネルギーの分野では、近年、大きな変化が起こってきています。太陽光発電や風力発電のコストが世界的に急低下し、新規の設備の場合には、新しく原子力発電所や火力発電所を建設する場合よりも、大幅に安くなっているのです（自然エネルギー財団 2019）。また技術的には、2050年頃には日本のエネルギー消費の80％～100％を、国内の再生可能エネルギー（再エネ）でまかなうことが可能とする試算も出されています（システム技術研究所 2017）。

しかし日本では、原発と石炭火力を優先するエネルギー政策の結果として、欧州や米国、中国に比べても再エネの普及が出遅れ、国産メーカーも衰退し、コストダウンも進んでいません。この分野で変化をもたらす上で最も簡単な政策は、原発の推進のために使われてきた巨額の予算を、再エネ分野に振り向けることです。これによってエネルギー自給率が高まれば、エネルギー価格高騰による輸入インフレ圧力を抑えることにもつながります。

4　グリーン・ニューディールとは何か

昨年来、世界各地の左派の政治勢力が「グリーン・ニューディール」を打ち出しています。例えば、米国民主党左派のバーニー・サンダース氏やオカシオコルテス氏を中心とする運動、英国労働党のコービン（元）党首を支えた若い党員や議員たちの草の根運動や、ギリシャ国会議員のヤニス・バルファキス氏を中心とする Green New Deal for Europe などです。グレタ・トゥンベリさんをはじめとする何百万人もの、気候危機を訴える未成年たちに対する、「大人たち」からの回答と言えるでしょう（参考：朴・長谷川・松尾　２０２０）。

グリーン・ニューディールは単なる「再エネ普及政策」ではなく、気候危機と経済危機を「双子の危機」と捉えて、大胆な発想の転換と、経済の構造転換を求める政策パッケージです。２０３０年には国内の差し引きのCO_2排出量をゼロにするなどの、野心的な炭素削減目標や、１００％再生可能といった再エネ・省エネの導入目標を掲げているのが特徴ですが、それだけではありません。

特徴はその支出規模です。サンダース氏は１６・３兆ドル（約１７２８兆円）規模の公共投資を打ち出し、コービン氏は４０００億ポンド（約52兆円）の国家変革基金の立ち上げを掲げ、バルファキス氏たちはユーロ圏で毎年５０００億ユーロ（約58兆円）を動員すべきだと主張しています。**これらの財源は、税金ではありません**。米国と英国の場合は通貨発行権がありますので、国債発行が最も重要な財源となります。それに対して、ユーロ圏諸国はそうはいきません。バルファキスは欧州投資銀行（ＥＩＢ）が「グリーン債券」を発行し、欧州中央銀行（ＥＣＢ）がそれを買う姿勢を示すことで、数百兆円規模で存在する民間の基金を動員することを提唱しています。

反緊縮の経済理論に裏付けられたグリーン・ニューディールは、単なる環境・エネルギー政策にとどまりません。前節で示したような支出先を全て包み込むような構想です。税収や財政規律に縛られることなく大規模な財政投資を行うことによって、低炭素経済への公正な移行（Just《ジャスト》

Transition《トランシジョン》、いま化石燃料・原子力関連に依存する地域や人々も不利益を受けることがないようにすること）と、先進国と途上国の格差、さらに所得や富の格差、人種やジェンダーなどをめぐるあらゆる不公正の是正を目指す、革新的で包括的な戦略なのです。

これまで、欧米においても緊縮思想が支配的であり、経済的な停滞は政府の無駄を省くことによって、民間の活力によって打破しようとしてきました。その失敗が明らかになった現在、未来を守るための大規模な投資で経済を回復させ、持続可能な軌道に載せようとする考え方が、広く打ち出されるようになってきたのです。

このような、未来を見すえた政策こそが、新型コロナウイルス疫病の克服と経済のV字回復のための戦略の中心に位置づけられるべきものでしょう。

巻末付録1　現金とは何か

3章では現金なしのモデルで説明をしましたが、ここではモデルに現金を導入して、現代経済における現金とは何かを考えます（横山　2015、159〜165頁）。ただし、ここでは現金として中央銀行券のみを考え、硬貨は含めません。全ての単位は万円とします。

図表A－1は、預金準備率20％のもとで、銀行から民間が100の借入をおこない、その後民間が預金のうち10を現金で引き出した場合に、何が起こるかを記述したものです。

（a）民間非金融が民間銀行から100借入《かりいれ》すると、民間銀行と民間非金融の間で預金と貸出《かしだし》・借入が発生します（白い部分）。その時、民間銀行はこの預金に対して、準備預金（図では準備）を20だけ保有せねばなりませんが、これは中央銀行から借りることが可能です（グレーの部分のように、中央銀行と銀行の間で準備と貸付金・借入金が発生します）。

（b）民間非金融が預金100のうち10を現金で引き出すとき、民間銀行は預金準備率20％を守らなければならず、この例の場合には準備を引き出すわけにいきませんので、中央銀行からさらに

図表 A-1 銀行貸出モデルへの現金の導入　（単位：万円）

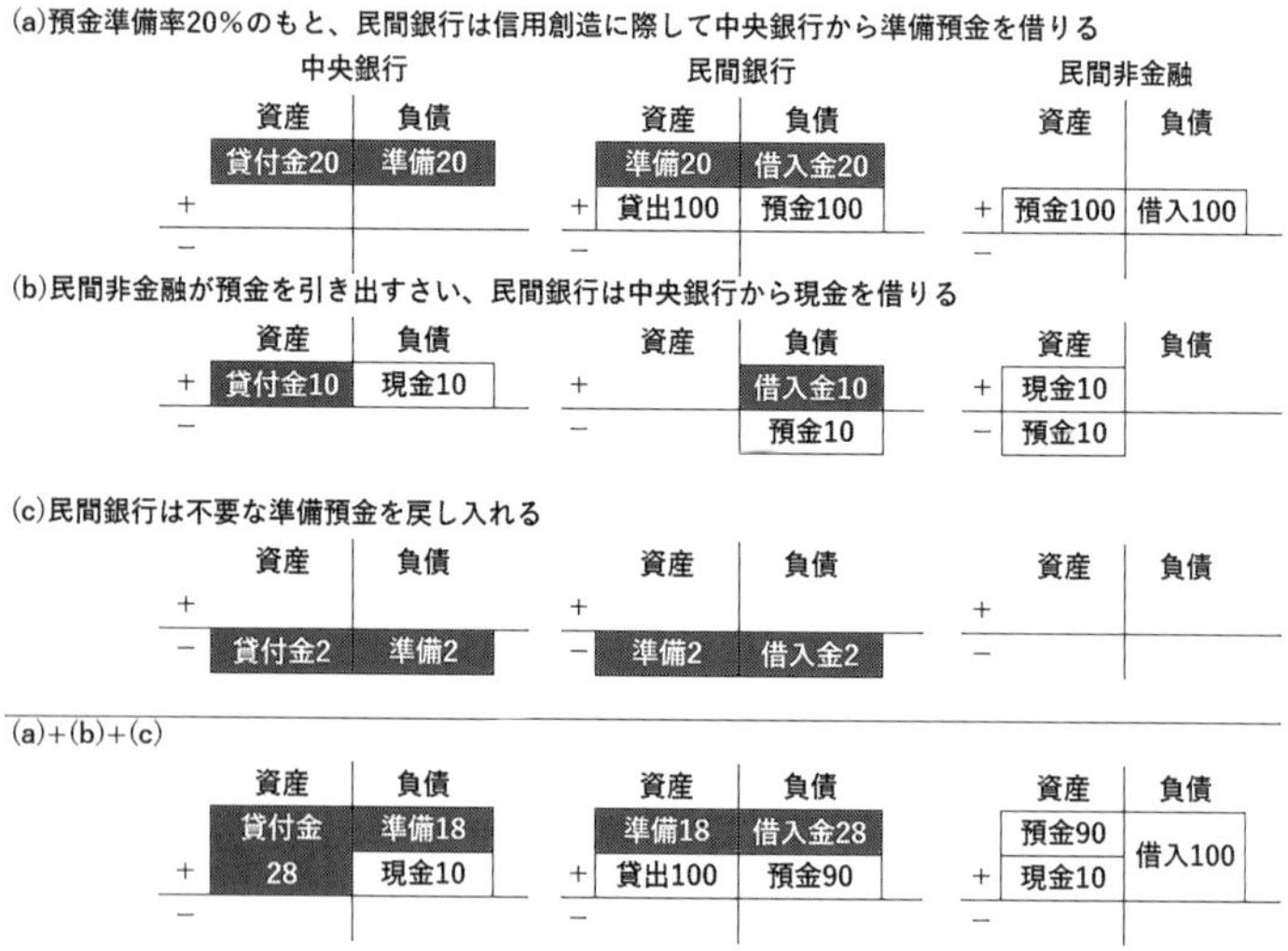

現金10を借りてすぐに民間非金融に渡します。民間非金融では預金10が現金10に変わります。民間銀行は預金が10減って中央銀行からの借入金が10増えます。中央銀行では貸付金（資産）と現金（負債）が10ずつ増えます。

（c）こうなると、民間銀行は預金が10減りますので、準備もその20％にあたる2だけ減らすことができます。そこで準備を2減らして借入金を2だけ返します。

（a）＋（b）＋（c）として、これらを通算すると、まず民間非金融では資産側の預金90と現金10が、負債側の借入100とバランスします。民間銀行では、資産側の貸出と準備の合計118と、負債側の預金と中央銀行からの借入金の合計118がバランスします。中央銀行では、資産側の貸付金28と、負債側の準備18と現金10の合計がバランスします。

このモデルからいえることは、以下の3点です。

・民間非金融の立場では現金は預金と等価で、いずれもマネーストックとなる。
・中央銀行の立場では、現金は準備預金と等価で、これらがマネタリーベースとなる。
・現金は民間銀行の資産となりうるが、実際には銀行は現金をほとんど保有せず、預金者の引き出しに応じるために、そのつど現金を中央銀行から調達する。

マネーストックは民間非金融のバランスシートの資産側に存在し、マネタリーベース（のうち、硬貨を除いた大部分）は中央銀行のバランスシートの負債側に存在します（79頁の記述、77頁の図表3－15、および巻末付録2を参照）。だとすると次のことが改めてよく理解できるでしょう。

ひとつ目は、銀行が保有する現金はごく僅かな金額ですが（33頁の図表2－4、三井住友銀行のバランスシートを参照）、これはマネタリーベースには含まれ、マネーストックには含まれないということです。ふたつ目は、銀行券はマネーストックの世界（と銀行の金庫の中）に実物として存在する一方で、その発行額が日銀の負債として、マネタリーベースの一部として記録されます。

ここまで硬貨は含めていませんでしたが、（少なくとも日本では）硬貨は中央銀行の負債ではありません。中央銀行は政府が作った硬貨を購入して資産とします。民間銀行が準備預金を引き出した時に、日銀券と合わせて硬貨を引き渡します。この段階で、硬貨は日銀券とともに、中央銀行の記録としてマネタリーベースに含まれますが、マネーストックには含まれません。最終的に、硬貨は民間非金融の手に渡った時に、マネーストックの一部となります。

部門間会計のモデルに現金を導入すれば、より現実世界に近づくものの、モデルはかなり複雑となります。現金がない銀行預金と準備預金のモデルで本質的な議論を進めることは可能ですので、第3章のバランスシートからは、現金は排除しているのです。

巻末付録２　統合政府と世の中の金融資産・負債と貨幣の対応関係

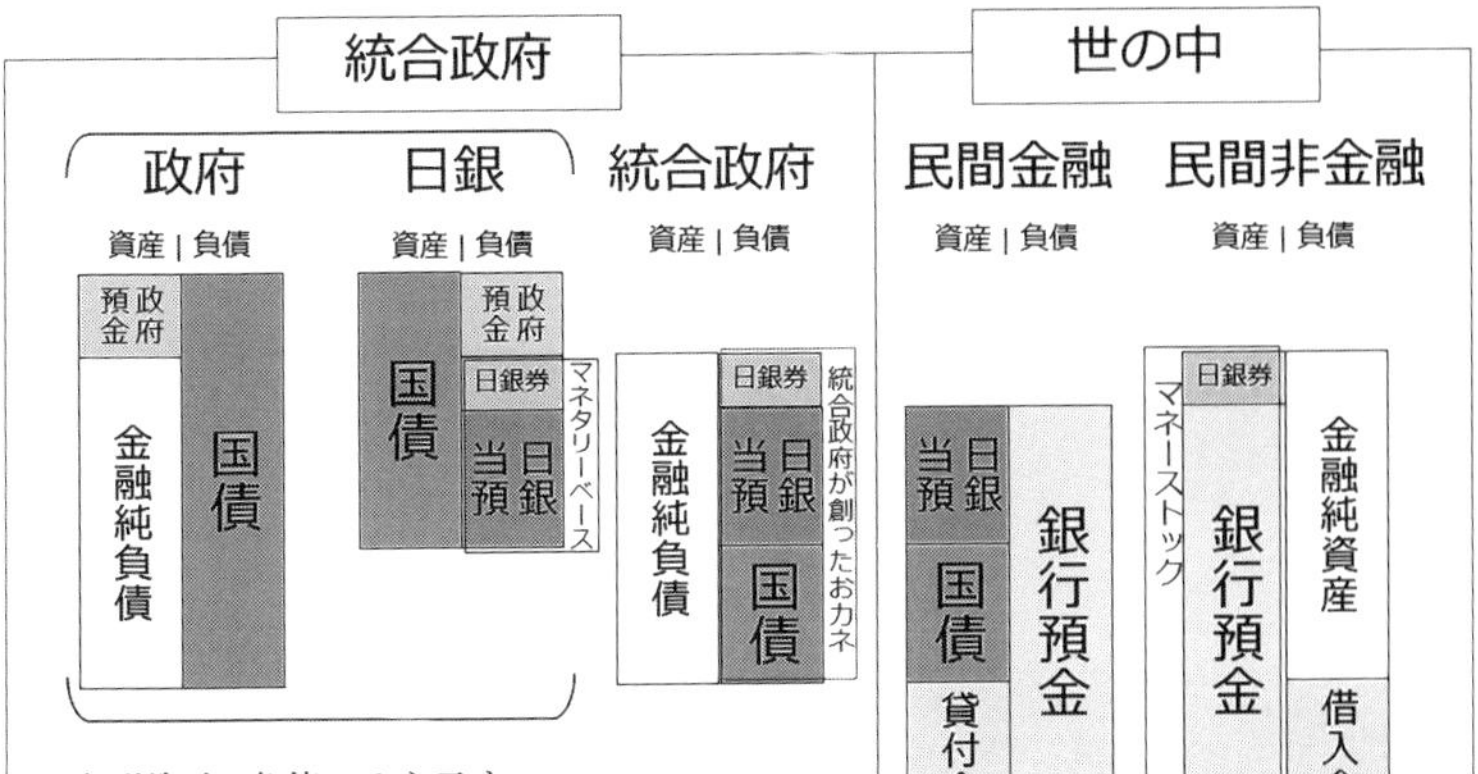

金融資産・負債のみを示す
筆者作成

［注］

（1）World Health Organization, Coronavirus disease (COVID-19) Pandemic HP（２０２０年5月7日アクセス）。https://www.who.int/emergencies/diseases/novel-coronavirus-2019

（2）厚生労働省ＨＰ「新型コロナウイルス感染症の現在の状況と厚生労働省の対応について（令和２年５月９日版）」、 https://www.mhlw.go.jp/stf/newpage_11229.html

（3）サンスポ（２０２０年４月４日）

（4）京都新聞（２０２０年３月23日）

（5）全国保健所長界ＨＰ（http://www.phcd.jp/03/HCsuii/）、２０２０年３月４日アクセス。

（6）時事ドットコムニュース ２０１９年12月24日。

（7）横山耕太郎（２０２０）「休業を支える「雇用調整助成金」支給決定はなぜたった60件？ 厚労省に聞いてみた」Business Insider, Apr. 23, 2020 https://www.businessinsider.jp/post-211695

（8）キヤノングローバル戦略研究所（ＧＩＧＳ）ホームページ参照。https://www.canon-igs.org/column/macroeconomics/20110426_829.html

（9）東京財団政策研究所ＨＰ（https://www.tkfd.or.jp/）参照

（10）テレビ朝日 羽鳥慎一モーニングショー ２０２０年5月13日。

（11）参考：「最近、ストレスは霊長類で最も発達している大脳皮質前頭前野（前頭前野）にも影響を及ぼし、高度な精神機能を奪ってしまうことが分かってきました。ストレスは、感情や衝動を抑制している前頭前野の支配力を弱めるため、視床下部などの進化的に古い脳領域の支配が強まった状態になり、不安を感じたり、普段は抑え込んでいる衝動（中略）に負けたりするというのです」（東洋大学理学部生物学科ＨＰ「ストレスと脳」、https://www.toho-u.ac.jp/sci/bio/column/029758.html）。参考として他に、大学生の不安感と成績の相関関係を明らかにした研究（金子ほか　２０１５）があります。他方、ストレス負荷がある場合に情動性の高い否定的な単語の記憶成績が高くなることを示した研究もあります（例えば、樋上他　２０１５）。関連して、切迫感や欠乏感が人間の注意の範囲を狭くすることを明らかにした研究もあります（例えばムッライナタンほか２０１５）。

（12）消費者物価指数（生鮮食品及びエネルギーを除く総合）の上昇率で見ると、１９９７年にプラス１・６％、１９９８年にプラス０・７％、１９９９年に０・０％となった後には２０１３年までずっとマイナスが続きました（２００８年だけがプラス０・８％で例外、参考：総務省統計局・消費者物価指数ＨＰ）。ＧＤＰデフレータの上昇率でみれば２０１３年までずっとマイナスでした（参考：内閣府・国民経済計算（ＧＤＰ統計）ＨＰ）。

（13）閣議決定「東京電力福島原子力発電所事故に係る原子力損害の賠償に関する政府の支援の枠組みについて」２０１１年6月14日

（14）本書で「レバレッジ倍率」という用語を用いるのは、正式に用いられる「レバレッジ比率」との混乱を避けるためです。金融機関の健全性を規制するための指標として使われる「レバレッジ比率」は、資本の額（９・３兆円、図表２－４の純資産の額とは若干異なる）を、リスクの度合いに応じて調整した資産である「エクスポージャー（２０５・４兆円）」で割ることによって、４・５％と求められます。その逆数は、１を０・０４５で割ると22倍ですから、本文のレバレッジ倍率（21倍）とほぼ同じ値となっています。

（15）政府は、硬貨を製造して日銀に「交付」し、その金額に相当する政府預金を受け取ることになっています。日銀はいったん資産として硬貨を保有し、民間銀行に硬貨を渡す（発行する）と資産が減ります。硬貨の発行分は日銀券の場合と異なり、日銀の負債として記録されることはありません。

（16）Wikipedia "money creation"（2020年2月16日閲覧）。他方、ごく最近になってようやく、日本語のWikipeida「信用創造」でも、本書と同じ意味の信用創造が先に「内生的貨幣供給理論」として示されるようになりました。

（17）実際、明治初期の太政官札の歴史を見ますと、信用のなかった太政官札（金札）に対して、租税などの上納に用いるよう義務づけただけで、流通が促進されたという単純な話ではないようです。様々な禁令の発令や、地方への藩札の普及、江戸末期からの金貨が信用をなくしたことなどによって、ようやく金札が流通するようになったとのことです（参考：明治財政史編纂会　1903、14〜23頁）。

（18）ここでの国債とは発行額の大半を占める、民間銀行などが購入する市中発行国債を指しています。購入にマネーストックが使われる個人向け国債の場合は日銀ネット内の定期預金というよりも、市中銀行が発行する定期預金に近い存在といえるでしょう。

（19）本書のマネーストックの定義は、日銀の定義に準拠したもので、国債を貨幣に含めていません（第2章5節、図表2－7）。しかし、国債を貨幣に含めることも有力な考え方であり、MMTでも「国債とは（金融機関向けの）定期預金」だという貨幣・負債観をとっています（レイ　2019、474頁）。

（20）債券の償却原価法では、購入時の価格（取得原価）をまず帳簿に計上しますが、額面と取得原価の差額は月数で各期に按分《あんぶん》する形で調整してゆき、償還時点で額面と一致するようにします。

（21）元参議院議員でハイパーインフレ論者の藤巻健史氏も、財政金融委員会（2019年5月23日）での若《わか》田部《たべ》昌澄《まさずみ》・日銀副総裁との討論で、ドイツやスイスの中央銀行が債務超過になっても、営業に問題がなかった事実を確認しています（藤巻　２０１９）。しかし藤巻氏は、日本は政府が財政赤字なので、債務超過の時に国がおカネを入れることはできないという趣旨の事を述べています。これについては本書でこれまで述べてきたように、政府の財政赤字は貨幣創造（民間の金融資産の創造）に過ぎませんので、何ら問題はありません。

（22）ＧＤＰデフレータは、名目ＧＤＰを実質ＧＤＰに変換するのに使われるものです。支出側ＧＤＰは、「消費＋設備投資＋政府支出＋輸出－輸入」なので、ＧＤＰデフレータは輸入物価が上昇すると低下するという特徴があります。

（23）IFRS, "IAS 29— Financial Reporting in Hyperinflationary Economies", https://www.ifrs.org/issued-standards/list-of-standards/ias-29-financial-reporting-in-hyperinflationary-economies/

（24）参考：日銀総裁の黒田《くろだ》東彦《はるひこ》氏は ①消費者物価指数の上方バイアス、②金利引き下げ余地の確保、③グローバル・スタンダード、という3つの理由を挙げています（黒田　２０１４）。

（25）より正確には、予想物価上昇率を用います。新たに設備投資する企業などにとっては、現在の物価上昇率よりも、おカネを返すまでの予想物価上昇率が重要なためです。

（26）図で R^2=0.89 と示されているのは、決定係数と呼ばれる０～１の値をとる指標で、ドットがどの程度ばらつきなく直線的に並んでいるかを示す指標です。０・８９は非常によく直線的に並んでいることを意味しています。また、決定係数の平方根をとると相関係数の絶対値が得られます。相関係数はマイナス１からプラス１範囲の値をとりますが、この場合は約０・９４で、これは非常に強い正の相関が存在することを示しています。

（27）決定係数は０・５７、相関係数は約０・７６で、この場合もかなり強い正の相関が存在します。

（28）少子化率（１９８０年から２０５０年までの年少者減少率の予測）のデータが揃う世界17ヶ国で少子化率と名目ＧＤＰ伸び率の相関係数をとると、０・００２と全く相関が認められません（シェイブテイル２０１９、Kindle 位置 No.631）。

［参考文献］

会田卓司（２０１５）「「60年償還ルール」がなくても財政規律は維持可能――ＳＧ証券チーフエコノミスト・会田氏」、ZUU Online, ２０１５年8月10日
https://zuuonline.com/archives/76240
会田卓司・榊原可人（２０１７）『日本経済の新しい見方』金融財政事情研究会
青木周平（２０００）『決済の原理―決済についての入門講義―』
https://www.boj.or.jp/paym/outline/data/kgall.pdf
明石順平（２０１９）『データが語る日本財政の未来』集英社（インターナショナル新書、キンドル版）
安達誠司（２０１９）『消費税10％後の日本経済』すばる舎
伊藤正直（２０１２）「戦後ハイパー・インフレと中央銀行」『金融研究（日本銀行金融研究所）』第31巻1号 ２０１２年1月
伊藤裕香子（２０１３）『消費税日記』プレジデント社
井上智洋（２０１９）『ＭＭＴ　現代貨幣理論とは何か』講談社選書メチエ
大内聡（２００５）「わが国の国庫制度について―入門編―」『ファイナンス』、２００５・6
https://www.mof.go.jp/exchequer/summary/f1706c.pdf
小黒一正（２０１０）『２０２０年、日本が破綻する日　危機脱却の再生プラン』日本経済新聞出版社、キンドル版
金子千香ほか（２０１５）「理学療法学科1年生における学年末試験の成績と大学生活不安感との関係」『理学

療法科学』30巻6号、881～885頁
グレーバー、デヴィッド（２０１６）『負債論 貨幣と暴力の５０００年』（酒井隆史 監訳、高祖岩三郎、佐々木夏子 訳）以文社
黒田東彦（２０１４）「なぜ「２％」の物価上昇を目指すのか―日本商工会議所における講演―」日本銀行、２０１４年3月20日
経済産業省（２０１９）『我が国の産業技術に関する研究開発活動の動向―主要指標と調査データ―』経済産業省産業技術環境局、令和元年9月
ケインズ、ジョン・メイナード（２０１４［１９２４］）『お金の改革論』（山形浩生訳）講談社学術文庫
小林慶一郎編著（２０１８）『財政破綻後 危機のシナリオ分析』日本経済新聞出版社
財務省（２０１８）『日本の財政関係資料』平成30年10月
財務省（２０１９ａ）「債務管理リポート２０１９ ―国の債務管理と公的債務の現状―」https://www.mof.go.jp/jgbs/publication/debt_management_report/2019/index.html
財務省（２０１９ｂ）『日本の財政関係資料』令和元年10月
榊原正治朗（２０１２）「倒産とは？倒産時にとるべき４つの法的手続き」All About HP https://allabout.co.jp/gm/gc/401104/
桜井省吾（２０１４）「ソブリン・デフォルトの実像―ギリシャ危機から学ぶ―」『立法と調査（参議院事務局企画調整室）』３５４号、平成26年7月1日
佐藤主光・小林庸平・小黒一正（２０１８）「財政破綻時のトリアージ」、所収：小林慶一郎 編著『財政破綻後 危機のシナリオ分析』日本経済新聞出版社

自然エネルギー財団（2019）「競争力を失う原子力発電　世界各国で自然エネルギーが優位に」2019年1月
システム技術研究所（2017）「「脱炭素社会」に向けた長期シナリオ」WWFジャパン委託研究、2017年2月
シェイブテイル（2012）「昭和恐慌は「一人あたり90円の借金」を返済しようとして発生した」『ガジェット通信』2013年9月8日
https://getnews.jp/archives/413222/gate
シェイブテイル（2019）『MMT（現代貨幣理論）で解ける財政問題 目からウロコの解決策』キンドル版
スミス、アダム（1959［1776］）『諸国民の富（一）』岩波文庫
スタックラー、デヴィッド&サンジェイ・バス（2014）『経済政策で人は死ぬか？　公衆衛生学から見た不況対策』草思社
宋鴻兵（2010）『通貨戦争』武田ランダムハウスジャパン
高田創・住友兼一（2001）『国債暴落』中公新書ラクレ
富田俊基（2006）『国債の歴史1　金利に凝縮された過去と未来』東洋経済新報社
永野学（2010）『図解 いちばん面白い日本国債入門』東洋経済新報社
中野剛志（2016）『富国と強兵』東洋経済新報社
日本銀行（2020）「おしえて！にちぎん　日本銀行には誰が預金口座を開設していますか」
https://www.boj.or.jp/announcements/education/oshiete/kess/i08.htm/
日本銀行調査統計局（2019）『マネーストック統計の解説』2019年10月

https://www.boj.or.jp/statistics/outline/exp/data/exms01.pdf

野口雄裕（２０１２）「今月のキーワード インフレターゲット」『みずほリサーチ』2012.4

野口悠紀雄（２０１７）「異次元緩和の先に、日銀が「巨額債務超過」に陥る可能性」『現代ビジネス・オンライン』２０１７年６月28日、https://gendai.ismedia.jp/articles/-/52097

朴勝俊（２０１９）「デフレ脱却時の「金利上昇のリスク」に関する統合的シミュレーション」『エコノミック・ポリシー・レポート』２０１９年０１３号、ひとびとの経済政策研究会ＨＰ、https://economicpolicy.jp/report/

朴勝俊・長谷川羽衣子・松尾匡（２０２０）「反緊縮グリーン・ニューディールとは何か」『環境経済・政策学会』２０２０年３月号、27～41頁

蜂屋勝弘（２０１５）「税収の増加ペースと税収弾性値に関する考察」『ＪＲＩレビュー』第９巻28号、31～46号

バルファキス、ヤニス（２０１９）『黒い匣 密室の権力者たちが狂わせる世界の運命 元財相バルファキスが語る「ギリシャの春」鎮圧の深層』（朴勝俊、山崎一郎、加志村拓、青木嵩、長谷川羽衣子、松尾匡訳）明石書店

早川英夫（２０１６）『金融政策の「誤解」〝壮大な実験〟の成果と限界』慶應義塾大学出版会

ひとびとの経済政策研究会（２０２０）「世界でも特異な国債60年償還ルールは廃止が当然」ひとびとの経済政策研究会ＨＰ
https://economicpolicy.jp/2020/02/25/1191/

樋上巧洋ほか（２０１５）「特性不安とストレス負荷が記憶成績に及ぼす影響」『早稲田大学臨床心理学研究』

15巻1号、27～34頁
廣宮孝信（2012）『「国の借金」アッと驚く新常識』技術評論社
廣宮孝信（2013）『国債を刷れ！（新装版）これがアベノミクスの核心だ』彩図社
藤巻健史（2019）「日銀は債務超過にならないのか？（議事録も掲載）（臨時版）」藤巻健史ＨＰ、2019年5月28日
https://www.fujimaki-japan.com/takeshi/7893
古川顕（2018）「イネスとケインズの貨幣論」『甲南経済学論集』、58巻3・4号、47～94頁
前田健太郎（2014）『市民を雇わない国家 日本が公務員の少ない国へと至った道』東京大学出版会
マンキュー、グレゴリー（2011）『マンキューマクロ経済学1 入門篇（第3版）』（足立英之、地主敏樹、中谷武、柳川隆訳）、東洋経済新報社
マンキュー、グレゴリー（2005）『マンキュー経済学Ⅱ マクロ編（第2版）』（足立英之、石川城太、小川英治、地主敏樹、中馬宏之、柳川隆訳）、東洋経済新報社
三橋貴明（2019）「大平正芳の呪縛」『新経世済民新聞』
https://38news.jp/economy/13325
ムッライナタン、センデル&エルダー・シャフィール（2015）『いつも「時間がない」あなたに　欠乏の行動経済学』（大田直子訳）早川書房
明治財政史編纂会（1903）『明治財政史 第12巻』明治36年12月編纂、国立国会図書館デジタルコレクション
横山昭雄（2015）『真説 経済・金融の仕組み』日本評論社

ラインハート、カルメン&ケネス・ロゴフ『国家は破綻する』（村井章子訳）日経ＢＰ社

ラヴォア、マルク（２００８）『ポストケインズ派経済学入門』（宇仁宏幸訳）ナカニシヤ出版

レイ、ランダル（２０１９）『ＭＭＴ現代貨幣論入門』（島倉原監訳、鈴木正徳訳）東洋経済新報社

我妻榮・有泉亨・川井健（２０１４）『民法２ 債権法（第三版）』勁草書房

McLeay, Michael, Amar Radia and Ryland Thomas (2014) "Money in the modern economy: an introduction", *Quarterly Bulletin*, 2014 Q1, Bank of England
https://www.bankofengland.co.uk/quarterly-bulletin/2014/q1/money-in-the-modern-economy-an-introduction

Hanke, Steve H and Nicholas Krus (2012) 〝World Hyperinflations〟, *CATO Working Paper*, Aug. 15, 2012.

Humphrey, Caroline (1985) "Barter and Economic Disintegration", *Man*, No. 20, pp. 48-72

Innes, A. Mitchell (1913) "What is Money ?", *The Banking Law Journal,* May 1913, pp. 377-408.

Mosler, Warren (2012) *Soft Currency Economics*, Valance Co.

OECD (2019), *Education at a Glance 2019*: OECD Indicators, OECD Publishing, Paris.

Reinhart, Carmen M. and Kenneth S. Rogoff (2010) "Growth in the Time of Debt", *American Economic Review*: *Papers & Proceedings 100* (May 2010), pp. 573–578

Sargent, Thomas (1982) "The Ends of Four Big Inflations" in Robert Hall ed. *Inflation: Causes and Effects*, Cambridge, MA: National Bureau of Economic Research, 1982.

あとがき

2019年には日本でも、10%への消費税増税の是非が議論される一方で、MMT（現代貨幣理論）に関する著書が多数出版され[1]、「反緊縮」というキーワードの認知度も高まりました。映画「マトリックス」の「赤い薬」を飲んだ後のように、貨幣や財政の本質を見抜くことができる人も増えてきているように思います。

第一著者の朴勝俊（以下、私）は、マクロ経済学や財政・金融ではなく環境経済学が専門です。ですが数年前に、安倍政権に反対する立場から、立命館大学教授の松尾匡《ただす》さんらと共に「ひとびとの経済政策研究会」を立ち上げ、欧米の左派・リベラルの政策を参考に、反緊縮の経済政策を日本に普及する活動をしてきました[2]。山本太郎さんの経済学の学習をお手伝いしたのも、この活動の一環でした。昨年2月には、自治体選挙や国政選挙に挑戦する反緊縮の候補者の方々を応援する「薔薇マークキャンペーン」を、仲間たちが立ち上げました。この活動の中心的な呼びかけ人たちが寄稿した本の中で、私も「反緊縮経済学の基礎」と題した、経済学入門のような章を担当しました[3]。

私がＭＭＴを知ったのは、その章を書き終わった後の、3月頃のことです。ランダル・レイの『ＭＭＴ現代貨幣理論入門』の原書を読み、要約を書いて公表しました(4)。その過程で、本書で説明したような貨幣と財政の本質が分かってきて、「国の借金は大丈夫」などという言い方ではなく、「国債はそもそも国の借金ではない」、「貨幣発行権をもつ政府は財政破綻しない」という説明ができるようになりました。その結果、先述の「反緊縮経済学の基礎」も、その「基礎」の部分を考え直す必要があると考えるに至りました。そんな中、秋口に入って青灯社の辻一三さんが、他ならぬこの「反緊縮経済学」を評価してくださり、それを拡張させたような本を執筆するよう、お声がけを下さったのです。

すでに反緊縮やＭＭＴに関する本が次々に出されている中で、「出す意味のある本」を書くことは、知識不足を認識している自分ひとりでは難しい仕事でしたので、共著者を探すことにしました。昨年11月に、ＭＭＴの始祖の一人であるビル・ミッチェル教授が京都で講演をされた時に、私も予定討論者の一人として登壇したのですが、その際に、会場に来ていたシェイブテイルさんから声を掛けていただきました。彼の名前は、すでにブログやTwitterを通じて存じ上げていました。

シェイブテイルさんは在野の貨幣論研究者で、私と違って左派なわけではありません。彼は10年ほど前から積極財政を唱える立場から「シェイブテイル日記2」というブログを書いておられました。負債と貨幣の関係について興味をもち、独自に調べていった結果、ポストケインズ派（の一部）とご自身の考えが近く、「信用貨幣」の仕組みを分析することで、積極財政の妥当性が確信できたと言います。さらに、２０１６年に中野剛志さんが出された『富国と強兵』（中野２０１６）という本を通じて、ポストケインズ派から発展したＭＭＴが、自分の考えに近いことを知り、これを深く研究するようになったということです。

既存の本に関して、私が不十分だと感じていたのは、積極財政や反緊縮に関する一般向けの本でも、大学等で使われる主な教科書でも、貨幣の発生（政府支出）と消滅（徴税）をめぐる事実について、バランスシートを用いて十分に説明したものがほとんどなかったことです。そんな中、シェイブテイルさんの電子書籍（シェイブテイル２０１９）は、簿記・会計の基礎的なところをしっかり押さえて、政府・日銀・民間のやりとりを、分かりやすい取引図で簡潔に解説されていました。それを見て、彼なら私の弱点を十二分に補ってくれるに違いない、彼の本をさらに発展させて、財政破綻論を根本から批判するようなものにすれば、それこそ「出す意味がある本」になるだろうと考え、思い切って（いきなり）共著者をお願いしました（そして幸いにもご快諾いただきました）。結果的に、この私の判断は正解だったと思うのですが、本書をお読みいただいた皆さんの感想はいかがでしょうか。

ところで、意外に思われるかもしれませんが、私もシェイブテイルさんもＭＭＴ派（MMTer《エムエムター》）ではありません。[5]ＭＭＴという理論は、経済を正しくみる「レンズ」と言われますし、その表現は見事だと思います。とはいえ、ミッチェル氏やレイ氏、ケルトン氏など、アメリカやオーストラリアのＭＭＴ派や、彼らの論考を詳しく紹介している日本のＭＭＴ派の認識では、そのＭＭＴという理論に金融政策無効論や、裁量的な財政政策に対する反対論など、政策論が付随してきます。また彼らは、ＭＭＴには雇用保障プログラム（ＪＧＰ）が一体不可分だとして、ベーシックインカムに批判的です。これらの政策論についても意見を同じくする人たちが本当のＭＭＴ派です。私達がＭＭＴ派ではないというのは、必ずしもこうした政策論について同じ立場ではないという意味です。

本書が目指したのは、ＭＭＴが光を当ててくれた「貨幣とはなにか、負債とは何か」という問題を掘り下げ、政府・日銀・民間のやりとりについても、読者のみなさんに、みずからバランスシートや取引図を描いて理解していただくことです（紙に書き写さずに理解するのは難しいと思います。私自身も、ランダル・レイ氏の本を理解するのに、懸命にバランスシート上に、取引の各ステップをひとつひとつ書き写して考えたものです）。その上で、「なぜ通貨発行権をもつ政府は財政破綻しないのか」、そして「政府はこれから何をすべきなのか」について、自分の言葉で語れるようになっていただければと考えています。

財政破綻などないにも関わらず、「財政危機」を理由に、この国ではなすべきことがなされてきませんでした。日本経済はデフレ脱却に失敗し、諸外国と比べても衰退を続け、多くの人々の生活が苦しくなっていました。そんな中で新型コロナウイルス危機が日本を襲ったのです。主な政治家たちは、与党・野党にかかわらず「財政は危機」、「国債は借金」という考えに囚われている人が多く、それが遠因となって、政府の危機対策はきわめてケチでノロマなものになっています。他方で、多くの人々が、十分な補償も手当もなしに、働くことさえ、商売することさえ禁じられるような状況に追い込まれているのに、いまこそ政府がおカネを出して自分たちを救え！という声は、盛り上がりに欠けています。むしろ「財政が危機だから、政府を頼ることはできない」と思っている人が、多数を占めているようにも見えます。

このままでは、大変な景気後退と、大量倒産、大量失業（そして、考えたくありませんが、大量自殺）の時代が来てしまいます。

この絶望的な状況の中でも、希望の芽がみられます。山本太郎さん（れいわ新選組）や安藤裕さん（自民党）、玉木雄一郎さん（国民民主党）などの政治家たちが100兆円規模の財政支出を訴えているように、政治家の中にも貨幣と財政の本質を理解し、大胆な提言を打ち出す人たちがいます。ネット上でも、反緊縮の経済政策を理解する一般の人々が増えているのが分かります。無条件の一人10万円の給付だって（決して十分なものではありませんが）、大勢の人たちが声を挙げた結果として実現したものです。もっと多くの人々が、もっと大きな声を挙げるようになれば、大不況も大量自殺も防げるに違いありません。

その一方で、心配な動きも見られます。早くもニュースや新聞では「経済の専門家」たちが登場し、当面の経済対策の必要性を論じつつも、コロナ収束後の消費税増税や緊縮財政の必要性を説き始めているのです。これは危険なことです。日本経済を崩壊から防ぎ、経済回復を助け、命を守る持続可能な経済に移行させるためには、積極的な財政政策を続ける必要があります。そのためにも、財政破綻論の呪縛から人々が解放されることが必要なのです。本書が少しでもお役にたてれば幸いです。

（1）その中でも「一般向けの解説書」としてお薦めできるものとしては、中野剛志（2019）『奇跡の経済教室（基礎知識編）』KKベストセラーズ、井上智洋（2019）『MMT現代貨幣理論とは何か』講談社選書メチエ、などがあります。
（2）ひとびとの経済政策研究会HP（https://economicpolicy.jp/）、および、松尾匡・ひとびとの経済政策研究会（2019）『左派・リベラルが勝つための経済政策作戦会議』青灯社、を参照。
（3）松尾匡編（2019）『「反緊縮！」宣言』亜紀書房
（4）朴勝俊（2019）「MMTとは何か —— L. Randall Wray の Modern Money Theory の要点」『エコノミック・ポリシー・レポート（ひとびとの経済政策研究会）』レポート012
（5）MMT派からすれば、一般向けのMMT関連本を出している中野剛志氏や藤井聡氏も、本当のMMT派とは違うということになります。本流のMMT派の理論・政策体系を知りたければ、望月慎（2020）『最新MMT「現代貨幣理論」がよく分かる本』（秀和システム刊）が、日本では最良の参考書だと思います。

2020年5月

朴勝俊

な

は

た

さ

索引

朴勝俊（ぱく・すんじゅん）関西学院大学総合政策学部教授。博士（経済学）。専門は環境経済学、環境政策。１９７４年大阪に生まれる。神戸大学大学院経済学研究科終了。著書『環境税制改革の「二重の配当」』（晃洋書房）、『脱原発で地元経済は破綻しない』（高文研）など、翻訳 バルファキス『黒い匣《はこ》』（共訳、明石書店）などがある。

シェイブテイル Shavetail 貨幣論研究家。２００９年より積極財政を支持する立場からブログ「シェイブテイル日記２」を開始。最近では主にTwitterでの情報発信（@shavetail）をおこなっている。著書『図解 ＭＭＴ現代貨幣理論の基盤』（Kindle版）、『ＭＭＴ（現代貨幣理論）で解ける財政問題：目からウロコの解決策』（Kindle版）がある。

バランスシートでゼロから分かる
財政破綻論の誤り

2020年6月25日　第1刷発行
2024年9月30日　第3刷発行

著　者　朴　勝俊
　　　　シェイブテイル

発行者　辻　一三

発行所　株式会社青灯社
東京都新宿区新宿 1－4－13
郵便番号 160－0022
電話 03－5368－6923（編集）
　　 03－5368－6550（販売）
URL http://www.seitosha-p.co.jp
振替　00120－8－260856

印刷・製本　モリモト印刷株式会社

Printed in Japan
ISBN978－4－86228－111－1 C0033

小社ロゴは、田中恭吉「ろうそく」（和歌山県立近代美術館所蔵）をもとに、菊地信義氏が作成

●青灯社の本●

日本はなぜ原発を拒めないのか——国家の闇へ　山岡淳一郎　定価1600円＋税

日本社会の周縁性　伊藤亜人　定価2500円＋税

強権に「いいね！」を押す若者たち　玉川　透　編著　ヤシャ・モンク　ロベルト・ステファン・フォア　濵田江里子　訳　定価1600円＋税

知・情・意の神経心理学　山鳥　重　定価1800円＋税

「心＝身体」の声を聴く　泉谷閑示　定価1600円＋税

「二重言語国家・日本」の歴史　石川九楊　定価2200円＋税

みんな「おひとりさま」　上野千鶴子　定価1400円＋税

子どもが自立する学校——奇跡を生んだ実践の秘密　尾木直樹　編著　定価2000円＋税

左派・リベラル派が勝つための経済政策作戦会議　松尾　匡「ひとびとの経済政策研究会」　定価1500円＋税

安倍首相は拉致問題を解決できない　和田春樹　定価1500円＋税

神と黄金（上・下）——イギリス・アメリカはなぜ近現代世界を支配できたのか　ウォルター・ラッセル・ミード　寺下滝郎　訳　定価各3200円＋税

起源——古代オリエント文明：西欧近代生活の背景　ウィリアム・W・ハロー　岡田明子　訳　定価4800円＋税

魂の脱植民地化とは何か　深尾葉子　定価2500円＋税

枠組み外しの旅——「個性化」が変える福祉社会　竹端　寛　定価2500円＋税

合理的な神秘主義——生きるための思想史　安冨　歩　定価2500円＋税

生きる技法　安冨　歩　定価1500円＋税

他力の思想——仏陀から植木等まで　山本伸裕　定価2200円＋税

理性の暴力——日本社会の病理学　古賀　徹　定価2800円＋税

愛と貨幣の経済学——快楽の社交主義へ　古賀　徹　定価2000円＋税

魂深き人びと——西欧中世からの反骨精神　香田芳樹　定価2500円＋税